Hartmut Doer
Gerd W. Schneider

Soziologische Bausteine

Eine Einführung für Schüler und Studenten
an Gymnasien, Kollegs, Fachoberschulen,
Fachhochschulen, Universitäten
(Nebenfachstudenten und Vorkliniker)

Dritte Auflage
mit einem Anhang von 80 Kontrollfragen
nach dem Multiple-Choice-Verfahren

Studienverlag Dr. N. Brockmeyer
Bochum 1976

Alle Rechte vorbehalten
ISBN 3/92 1543/03/7
© 1976 by Studienverlag Dr. N. Brockmeyer
Bochum, Querenburger Höhe 281
Gedruckt bei Thiebes & Co. Hagen

Vorbemerkung

Diese Einführung ist geschrieben worden vor allem für

- Schüler und Studierende der Sekundarstufe II
  (Gymnasium, Fachoberschule und Kolleg)
- Studenten der Fachhochschule
  (Fachrichtung: Sozialpädagogik und Sozialarbeit)
- Studenten an den Universitäten
  (mit Soziologie im Nebenfach) und besonders
  Vorkliniker.

Der vorliegende Text beschränkt sich bewußt auf nur wenige, allerdings wesentliche Grundbegriffe der Soziologie. Er soll leicht verständlich sein. Aus diesem Grund wurden Fremdwörter vermieden, es sei denn, diese konnten als soziologische Fachausdrücke nicht umgangen werden. Die Absicht, eine leicht lesbare Einführung zu schreiben, ist ausschlaggebend dafür, daß im Text so gut wie keine Autoren genannt werden. Das bedeutet aber nicht, daß mit dem Verzicht auf die Nennung der Autorennamen die unterschiedlichen Auffassungen und Richtungen innerhalb der Soziologie unterschlagen werden sollten. Im Gegenteil, es liegt in unserer erklärten Absicht, die verschiedenen Meinungen - wenn auch verallgemeinernd - so deutlich wie möglich hervortreten zu lassen. Nur so kann ein Anfänger zu einer kritischen Bewertung des Gesagten angehalten werden. Ebenfalls aus Gründen der Übersichtlichkeit haben wir bei den Zitaten meistens auf Querverweise verzichtet, da in einer Einführung unmöglich alle Literaturverbindungen angegeben werden können. Hier bietet jedoch die am Ende eines jeden Kapitels aufgeführte "Literatur zur Einarbeitung" genügend Hinweise und Ergänzungsmöglichkeiten. (Zur Zitierweise: Die Anmerkungen nach jedem Kapitel geben lediglich den Namen des Verfassers und die Seitenzahl an. Sie müssen auf jeden Fall durch das nachstehende Literaturverzeichnis ergänzt werden.)

Die zahlreichen Schaubilder, Übersichten und Zusammenfassungen (insgesamt 28) sind ein Versuch, den Text so aufzubereiten, daß er für den Anfänger in seinen Zusammenhängen durchschaubar und nachvollziehbar wird. Viele der zur Veranschaulichung aufgeführten Beispiele sind aus der Medizin. Diese Beispiele verlangen aber keine besonderen medizinischen Fachkenntnisse, so daß sie auch für andere Bereiche angeführt werden können. Dem gleichen Zweck (der Übersichtlichkeit) dienen nicht zuletzt die jeweils hervorgehobenen Begriffsbestimmungen. Wir sind uns hierbei einer möglichen Vereinfachung bewußt, da wir uns fast immer nur auf eine der vielen vertretbaren Definitionen festgelegt haben. Wir nehmen aber den möglichen Vorwurf der "Oberflächlichkeit" in Kauf, wenn wir damit der Absicht einer einfachen, übersichtlichen Einführung näher gekommen sind.

Wesentliche Begriffe der Soziologie werden auch in der Alltagssprache verwendet, allerdings dort unscharf und mit nicht einheitlicher Bedeutung. Es ist daher nötig, wie in jeder anderen Wissenschaft auch, daß die benutzten Begriffe möglichst genau erarbeitet und abgegrenzt werden. Dazu soll diese Einführung eine erste Hilfe sein.

Die Soziologie befaßt sich überwiegend mit alltäglichen Sachverhalten aus dem Erfahrungsbereich eines jeden einzelnen. Auf den ersten Blick erscheinen diese Umstände oft verständlich, teilweise sogar selbstverständlich. Wenn es mit Hilfe dieses Textes gelingt, daß derjenige, der sich für gesellschaftliche Zusammenhänge interessiert, lernt, seine Erfahrungen nicht als selbstverständlich "anzunehmen", sondern über sie nachzudenken und sich kritisch mit ihnen auseinanderzusetzen, dann hat diese Einführung ihre Zielsetzung erreicht. Danach ist es kein großer Schritt mehr zu der Fähigkeit, die in der persönlichen und sozialen Umwelt gemachten Erfahrungen in ihren jeweiligen Zusammenhängen richtig erkennen, sachgerecht untersuchen und angemessen beurteilen zu können.

Die hier vorgelegte Arbeit ist eine Gemeinschaftsarbeit.
Sie wurde von den Verfassern gemeinsam geschrieben.
Herrn Frank Plümacher verdanken wir Anregungen zu einigen
Schaubildern. Unser Dank gilt aber vor allem Frau C. Ewe
für ihre Arbeit bei der Fertigstellung der verschiedenen
Fassungen des Manuskripts.

Bochum, im November 1974

        Hartmut Doer Gerd W. Schneider

Zur zweiten Auflage

Die zweite Auflage ist verbessert und um ein Sachwortverzeichnis erweitert worden.
Zusätzlich enthält die Neuauflage einen Anhang mit einem
Fragenkatalog: Zu jedem Kapitel sind zehn Aufgaben nach dem
Multiple-Choice-Verfahren gestellt, deren Beantwortung mit
Hilfe des Lösungsschlüssels selbst überprüft werden kann.
Uns ist dabei klar, daß es problematisch ist, dieses Verfahren aus den Naturwissenschaften auf den geiteswissenschaftlichen Bereich zu übertragen. Deshalb ist der Anhang
weniger als Mittel gedacht, "Wissen abzufragen", sondern
eher als Möglichkeit der Überprüfung und Problematisierung
des Gelesenen.
Nochmals danken wir Herrn Plümacher für die zahlreichen Anmerkungen bei seiner kritischen Durchsicht der ersten Auflage.

Bochum, im August 1975

        H.D.   G.W.S.

Inhaltsverzeichnis

Einführung in die Soziologie

1.	Was ist Soziologie	Seite	7
1.1.	Probleme der Definition und Abgrenzung	"	7
1.2.	Funktionen der Soziologie	"	9
1.3.	Anliegen der Soziologie	"	10
2.	Gegenstand und Stellung der Soziologie	"	11
2.1.	Individuum und Gesellschaft	"	11
2.2.	Bereiche der Soziologie	"	12
2.3.	Standort der Soziologie	"	13
3.	Methoden der Soziologie	"	13
3.1.	Vorgehensweise	"	13
3.2.	Wissenschaftliche Methoden empirischen Arbeitens	"	15
3.3.	Techniken der empirischen Sozialforschung	"	16
4.	Richtungen in der Soziologie	"	18
4.1.	Positivismus	"	18
4.2.	Kritische Theorie	"	19
4.3.	Bewertung beider Richtungen	"	20

Gruppe

1.	Soziale Gruppe	"	24
1.1.	Abgrenzung	"	24
1.2.	Definition und allgemeine Merkmale der sozialen Gruppe	"	25
1.3.	Klassifizierung von Gruppen	"	26
1.4.	Primär- und Sekundärgruppe	"	29
2.	Gruppendynamik	"	32
2.1.	Gruppeneinflüsse	"	32
2.2.	Gruppenprozeß	"	35
2.3.	Zusammenfassung gruppendynamischer Erkenntnisse	"	39

Soziale Rolle

1.	Rolle	"	42
1.1.	Rolle und Position/Status	"	42
1.2.	Rolle und Sanktion	"	46
1.3.	Rollenkonflikt	"	48
2.	Kritik am Rollenbegriff	"	51
2.1.	Allgemeine Kritik	"	51
2.2.	Kritik an der Krankenrolle	"	54
3.	Anhang: Begriffsbestimmungen	"	56

Sozialisation

1.	Allgemeine Sozialisation	Seite	59
1.1.	Biologische und soziale Voraussetzungen	"	59
1.2.	Begriffsbestimmung	"	62
1.3.	Primäre und sekundäre Sozialisation	"	63
2.	Schichtenspezifische Sozialisation	"	66
2.1.	Sozialisationsmilieu	"	67
2.1.1.	Unterschicht	"	69
2.1.2.	Mittelschicht	"	71
2.2.	Sozialisationsprozeß	"	74
2.3.	Persönlichkeitsstruktur des Kindes	"	78
3.	Berufliche Sozialisation	"	82
3.1.	Allgemeine berufliche Sozialisation	"	82
3.2.	Berufliche Sozialisation zum Arzt	"	83

Familie

1.	Wandel der Familienform	"	88
1.1.	Vorindustrielle Zeit: Großfamilie	"	88
1.2.	Industrielle Zeit: Kleinfamilie	"	9o
1.3.	Funktionsverlust bzw. Funktionsverlagerung der Kleinfamilie	"	92
2.	Struktur der Kernfamilie	"	94
2.1.	Biologisch-soziale Doppelnatur	"	94
2.2.	Autoritätsverhältnisse	"	98
3.	Alternativen zur Kleinfamilie	"	99
3.1.	Nachteile der Kleinfamilie und Vorteile eines Familienverbandes	"	99
3.2.	Mögliche Alternativformen	"	101

Schichten und Klassen

1.	Aufbau der Gesellschaft	"	105
1.1.	Schichten	"	107
1.1.1.	Begriffsbestimmung	"	107
1.1.2.	Schichtmodelle	"	109
1.2.	Klassen	"	114
1.2.1.	Begriffsbestimmung	"	114
1.2.2.	Beziehung zwischen Schicht und Klasse	"	116
2.	Sozialstruktur der Bundesrepublik Deutschland	"	117
2.1.	Historische Entwicklung zum Kapitalismus	"	118
2.2.	Gegenwärtige Situation in der Bundesrepublik	"	12o

Sozialer Wandel

1.	Soziale Mobilität	Seite	125
2.	Sozialer Wandel	"	127
2.1.	Ursachen für sozialen Wandel	"	129
2.2.	Auffassungen von sozialem Wandel	"	131
2.2.1.	Zielgerichteter Ansatz	"	132
2.2.2.	Analytischer Ansatz	"	133
	Exkurs: Institution	"	135
2.3.	Probleme des sozialen Wandels	"	138
3.	Sozialer Wandel und Medizin	"	139

Ideologie

1.	Ideologienlehre	"	144
1.1.	Geschichtliche Herleitung	"	144
1.2.	Marxistische und bürgerliche Ideologie	"	146
2.	Der Ideologiebegriff	"	151
2.1.	Ideologie und Realität	"	152
2.2.	Ideologie und Utopie	"	154
2.3.	Begriffsbestimmung	"	156
3.	Ideologiekritik	"	157
3.1.	Gegenstand der Ideologiekritik	"	157
3.2.	Aufgabe der Ideologiekritik	"	158

Literaturverzeichnis	"	162
Sachwortverzeichnis	"	167
Anhang: Fragenkatalog	"	173
Lösungsschlüssel	"	201

Einführung in die Soziologie

1. **Was ist Soziologie?**

1.1. **Probleme der Definition und Abgrenzung**

Ähnlich wie bei anderen Wissenschaften bestehen auch in der Soziologie Schwierigkeiten bei der Abgrenzung und Definition dessen, was Soziologie ist. Die bekannteste und allgemeinste Definition der Soziologie ist die als "Wissenschaft von der Gesellschaft". Allerdings reicht diese Begriffsbestimmung nicht aus. Sie muß durch folgende Gesichtspunkte erweitert bzw. ergänzt werden.

- "Soziologie als Wissenschaft vom gesellschaftlichen Verhalten und Handeln der Menschen
- Soziologie als Wissenschaft von den sozialen Gruppen und Institutionen
- Soziologie als ... Wissenschaft von den Gesellschaftsstrukturen und deren Wandel
- Soziologie als ... Wissenschaft von den Ideen über die Gesellschaft." (1)

Das Gemeinsame der vorstehenden Begriffsbestimmungen kann man in der folgenden Definition zusammenfassen:

Def.: "Die Soziologie ist die Wissenschaft vom sozialen Handeln des Menschen, insofern dieses in Gruppen und Institutionen einer bestimmten Gesellschaft und Kultur geprägt wird." (2)

Die augenblickliche Popularität der Soziologie ist ein Kennzeichen für das allgemeine Interesse, das man soziologischen Fragestellungen entgegenbringt. Die Vorstellungen von der und die Erwartungen an die Soziologie sind jedoch unterschiedlich. Der eine denkt bei dem Wort "Soziologie" an "junge Wissenschaft", "nicht einseitig", "behandelt praktische menschliche Probleme" (3), der andere erwartet, daß die Soziologie Erklärungen liefere für all das, was in der eigenen Erfahrung problematisch erscheint. Sehr oft kommt es auch zu der falschen Erwartung, die Soziologie sei ein Allheilmittel zur Beseitigung aller gesellschaftlichen Probleme.

Allgemein kann die Interessenlage an der Soziologie von zwei Seiten her beschrieben werden:

- Beim <u>Individuum</u> begründet sich das Interesse auf dem Bedürfnis nach Übersicht über das verwirrende Schema zwischenmenschlicher Beziehungen.
  (vgl. hier die vielfältige Kennzeichnung unserer Gesellschaft: industriell, komplex, differenziert, pluralistisch, spätkapitalistisch, mobil, bürokratisch, verwaltet, säkularisiert, vaterlos; Mittelstands-, Massen-, Freizeit- und Konsumgesellschaft (4))
- Für die <u>Gesellschaft</u> soll die Soziologie "brennende" soziale Fragen lösen helfen (z. B. Randgruppen, Automation und alternde Lohnabhängige, Probleme des Städtebaus, Umweltverschmutzung, ungleiche Chancen zur Vermögensbildung u. a.)

1.2. Funktionen der Soziologie

In dem Moment, wo man eine Wissenschaft definiert, stellt sich auch immer zwangsläufig die Frage, welche Aufgaben diese Wissenschaft erfüllen soll. Für die Soziologie ergeben sich die folgenden drei Funktionen: (5)

a) **Information**

Wie bereits unter 1.1. erwähnt, erwartet man von der Soziologie Erklärungen für gesellschaftliche Tatbestände. Dies wird umso notwendiger, je komplizierter und unübersichtlicher die Gesellschaft aufgebaut ist.

b) **Stabilisierung**

Beschränkt sich die Soziologie lediglich auf die Analyse des Bestehenden, so kann die damit vermittelte Information zur Aufrechterhaltung der gesellschaftlichen Verhältnisse beitragen. So hat man z. B. der Soziologie vorgeworfen, daß sie seit ihren Anfängen im Dienste der bürgerlichen Gesellschaft stehe und die Aufgabe habe, die Widersprüche des kapitalistischen Systems in den verschiedenen Konfliktsituationen zu erforschen. Danach entwickelt sie dann Teillösungen zur Beseitigung der Konfliktsituation, nicht jedoch zur Abschaffung der Konfliktursache. Und weiter liefere die Soziologie (mit ihrer Methodentechnik) Wirtschaftsmanagern und Politikern Material und Modelle, um das Verhalten von Menschen am besten beeinflussen zu können.

c) **Kritik**

Eine positive Einschätzung der Aufgabe der Soziologie müßte ihre kritische Funktion stärker betonen. Die gegebenen Zustände in einer Gesellschaft sollen daraufhin untersucht werden, inwieweit sie eine optimale Lösung für "humanere" Lebensbedingungen verhindern. Als kritische Wissenschaft will die Soziologie verändern bzw. verbessern.

1.3. Anliegen der Soziologie

Bedingt durch die kritische Funktion der Soziologie wird ihr Erkenntnisinteresse hervorgerufen, das auf <u>Emanzipation</u> gerichtet ist. Die Soziologie will alle Möglichkeiten menschlichen sozialen Handelns freilegen. Hierzu gehören zwei sich bedingende Aspekte: (6)

a) <u>Eine soziologische Perspektive</u>,

verstanden als die Kunst des Mißtrauens gegenüber allem Selbstverständlichen, als Versuch, hinter die Fassade der sozialen Beziehungen zu schauen.
Beispiel: Wenn auf die Frage: "Warum werden Arbeiterkinder meistens selbst wieder Arbeiter?" die Antwort gegeben wird: "Das ist schon immer so gewesen!", dann verdeutlicht eine solche Antwort das Fehlen der soziologischen Perspektive, da die sozialen Ursachen für diesen Sachverhalt ausgeklammert worden sind.

b) <u>Ein soziologisches Bewußtsein</u>,

verstanden als eine kritische Einstellung gegenüber dem Versuch, das von Menschen Gemachte und Machbare als "Naturgesetzlichkeit" oder Sachzwang auszugeben.
Beispiel: Die Behauptung, daß die schwarze Bevölkerung in den USA "von Natur aus" dümmer als die weiße sei, kennzeichnet das Fehlen eines soziologischen Bewußtseins, da hier gesellschaftliche und biologische Ursachen vertauscht worden sind.

Das emanzipatorische Interesse der Soziologie ist historisch auf die Entstehungsbedingungen des Faches zurückzuführen. Die Anfänge der Soziologie fallen in die Zeit der Aufklärung (17./18. Jahrhundert), in die Zeit des allgemeinen Mißtrauens gegenüber den Traditionen, in die Zeit, wo man gegenüber Technik und Fortschritt aufgeschlossen war und die "Rationalität" betonte. Anfang des 19. Jahrhunderts wurde die Soziologie als Krisenwissenschaft begrüßt, da man glaubte, mit ihrer Hilfe die krisenhafte Zeit der Französischen Revolution zu überwinden (7).

2. Gegenstand und Stellung der Soziologie

2.1. Individuum und Gesellschaft

Im Mittelpunkt der Soziologie steht der Mensch, jedoch nicht in seiner Einmaligkeit, sondern in seiner sozialen Gebundenheit. Die Grunderfahrung eines jeden Individuums ist, daß es auf Mitmenschen angewiesen ist, also Mitglied verschiedener Gruppen der komplexen Gesamtgesellschaft ist (siehe folgendes Kapitel). Daraus ergeben sich zwei Ansatzpunkte (8)

- das Individuum als soziales, d. h. gesellschaftliches Wesen
- soziale Gebilde, die sich aus dem menschlichen Zusammenleben ergeben (z. B. Familie, Betrieb, Krankenhaus). (Der Begriff "sozial" bedeutet hier nicht wie in der Umgangssprache, "gut", "gerecht", "human". Er wird nicht im Gegensatz zum sog. "asozialen" Verhalten gebraucht, sondern das Wort "sozial" umfaßt die Gesamtheit des zwischenmenschlichen Geschehens.)

Die Soziologie versucht also, die Nahtstellen zwischen Individuum und Gesellschaft (soziale Gebilde) sichtbar zu machen. Sie verbindet die persönlich subjektive Seite des Individuums mit der objektiv strukturellen Seite der Gesellschaft.

Die folgende Art zu fragen kann diesen Sachverhalt verdeutlichen. Die Soziologie darf nicht mit der subjektiven Fragestellung aufhören, sondern sie muß auch die strukturellen Gesetzmäßigkeiten berücksichtigen.

Beispiele:

a) Aus welchen Gründen heiraten die beiden?
        (persönlich subjektiv)
   Warum gibt es die Ehe in der Gesellschaft?
        (objektiv strukturell)

b) Warum hat dieses Ehepaar nur ein Kind?
        (persönlich subjektiv)
   Warum ist die Familie in der Industriegesellschaft klein?
                                    (objektiv strukturell) (9)

2.2. Bereiche der Soziologie

Da das Verhältnis "Individuum und Gesellschaft" als Gegenstand der Soziologie so vielfältig ist, dadurch zahlreiche andere Wissenschaften berührt, hat es sich als zweckmäßig erwiesen, die Soziologie als Wissenschaft in folgende Teilgebiete zu gliedern.

- Geschichte der Soziologie

- Theorie der Soziologie

- Methoden und Forschungstechniken der Soziologie

- Allgemeine Soziologie

- Spezielle Soziologie

Der vorliegende Text befaßt sich hauptsächlich mit der Allgemeinen Soziologie, geht auf die Theorie und die Methoden (vgl. die Abschnitte 4 und 3 in diesem Kapitel) nur kurz ein, während er die Geschichte der Soziologie beinahe ganz vernachlässigt.

Es gibt zu viele spezielle Soziologien, als daß sie hier auch nur annähernd alle aufgeführt werden könnten. Diese typischen "Bindestrich-Soziologien" behandeln Bereiche aus anderen Gebieten unter soziologischem Blickwinkel, wie z. B. Militär-Soziologie, Religions-Soziologie, Medizin-Soziologie u. a. (Das Kapitel über die "Familie" ist ein Beispiel für eine spezielle Soziologie.)

2.3. Standort der Soziologie

Die Soziologie gehört zu dem großen Bereich der Sozialwissenschaften, wie: Psychologie, Anthropologie, Wirtschaftswissenschaften, Politologie, Geschichte und Recht.

Das folgende Schaubild (I) kann die Stellung der Soziologie im Rahmen verwandter Wissenschaften verdeutlichen:

(siehe S. 14)

3. Methoden der Soziologie

3.1. Vorgehensweise

Natürlich ist die Soziologie auf die Kenntnis einzelner Tatsachen (empirische Faktensammlung) angewiesen, ihre Hypothesen und Theorien reichen jedoch über den individuellen Fall hinaus. Es geht ihr überwiegend nicht um den einzelnen Fall, sondern ihr Anliegen ist es, eine Vielzahl gleichgelagerter Fälle _beschreiben_ zu können. Aber die Soziologie will nicht nur die Regelmäßigkeiten im menschlichen Verhalten beschreiben, sie will sie auch _erklären_. Individuelle Probleme werden als spezifische Ausprägungen allgemeiner gesellschaftlicher Probleme betrachtet (10). Die Ausgangspunkte sind also meist alltägliche Sachverhalte, die auf den ersten Blick verständlich, teilweise selbstverständlich erscheinen, die aber in Wirklichkeit der Analyse bedürfen. Die Analyse selbst bewegt sich zwischen den Ebenen der konkreten Anschauung und der abstrakten Begriffe hin und her.

"Zum Beispiel können wir feststellen, daß seit etwa hundert Jahren immer mehr Menschen in Büros arbeiten (als Angestellte und Beamte), ferner, daß mehr und mehr Regulierungen unseres gesellschaftlichen Lebens auf bürokratische Weise vor sich gehen. Hierbei handelt es sich um ganz konkrete, sinnlich wahrnehmbare Vorgänge... Aber wenn wir diesen ganzen Prozeß in seiner Bedeutung für unser Leben analysieren wollen, dann

Schaubild (I)

Standort der Soziologie als Wissenschaft unter ausgewählten benachbarten Disziplinen (nach E. M. Wallner)

Wissen	Werte
Wissenssoziologie	Religionssoziologie - Theologie
Logik - Erkenntnistheorie	Metaphysik - Sozialethik
	Sozialphilosophie
	Rechtssoziologie
	Rechtswissenschaft

Psychologie, Sozialpsychologie

Technik	Mensch als personales und soziales Wesen	Kultur
Soziologie der Technik	Pädagogische Soziologie	Kultursoziologie
	Sozialpädagogik - Pädagogik	Kulturanthropologie
		Kulturphilosophie
		Kunstsoziologie

Sozialanthropologie

Wirtschaft	Gesellschaft	Staat
Sozialökonomie	**SOZIOLOGIE**	Politische Soziologie
Volkswirtschaft		Sozialpolitik
Wirtschaftswissenschaften		Wissenschaftl. Politik
		Staatswissenschaften

Raum	Zeit
Sozialgeographie	Sozialgeschichte
Sozialökologie	Geschichtssoziologie
Demographie	Geschichtswissenschaft
Geographie	

brauchen wir einen umfassenden Allgemeinbegriff: Wir sprechen
von 'Bürokratisierung'. Es gibt nun viele solche Allgemeinbegriffe: 'Industrialisierung', 'Verwissenschaftlichung',
'Strukturwandel der Familie', 'Verstädterung'. Alle diese Begriffe versuchen mit einer kurzen Bezeichnung eine Vielzahl
von Einzelvorgängen zusammenzufassen." (11)

3.2. Wissenschaftliche Methode empirischen Arbeitens

Die Methode der Soziologie besteht aus einer Verbindung von
systematischem Studium und empirischem Vorgehen, aus Empirie
(Praxis) und Theorie.

Dieser Zusammenhang sollte nie außer acht gelassen werden,
auch nicht wenn man wie im folgenden die systematische Vorgehensweise in einzelne Arbeitsschritte zerlegt.

- Die Wahl eines Themas setzt zwangsläufig einen bestimmten sozialen Tatbestand voraus, der einer Erklärung bedarf.

- Danach kommt es zu einer genauen Beschreibung und Bestimmung der sozialen Gegebenheit, die von der jeweiligen Situation abhängt.

- Aufgrund der nachfolgenden theoretischen Einordnung des Problems wird eine erste Arbeitshypothese entworfen, welche die Beziehungen der sozialen Tatbestände zueinander ordnet.

- Die Beobachtung des ausgewählten Gegenstandes unter dem Blickwinkel der Arbeitshypothese sollte dann so objektiv durchgeführt werden, daß sie für andere Wissenschaftler nachvollziehbar bzw. nachprüfbar ist.

- Anschließend werden die ermittelten Daten geordnet, klassifiziert und interpretiert. Die Voraussetzung dafür ist eine auf die Theorie bezogene Systematik, welche die gewonnenen Einzeltatsachen verständlich zu einem Gesamtbild zusammenfügt.

- Die Ergebnisse wissenschaftlichen Arbeitens jedoch können der Ausgangshypothese widersprechen, das bedeutet, der theoretische Ausgangspunkt muß geändert werden. (12)

Insgesamt kommt es darauf an, eine genaue Beschreibung von Einzelphänomenen nicht isoliert für sich zu betrachten, sondern diese mit allgemeinen Aussagen über den gesellschaftlichen Wirkungszusammenhang in Verbindung zu bringen.

3.3. Techniken der empirischen Sozialforschung

Die nachstehend aufgeführten Forschungstechniken sind äußerst kurz beschrieben. Sie können lediglich als eine erste grobe Orientierung dienen, und die hier aufgeführten Stichworte müssen auf jeden Fall durch ein genaueres Studium der entsprechenden Literatur ergänzt werden. (Näheres siehe Literaturverzeichnis: König, Mangold, Mayntz u. a.)

a) Beobachtung: bewußt geplante und protokollarisch niedergelegte Erfassung von wahrnehmbaren Sachverhalten der sozialen Welt
   Arten: kontrolliert - unkontrolliert; teilnehmend - nicht teilnehmend; direkt - indirekt; systematisch - unsystematisch; offen - verdeckt;
   Feldbeobachtung - Laboratoriumsbeobachtung

b) Befragung/Interview: bewußt geplante und in Protokollen oder Fragebogen festgehaltene Erfassung von sozialen Sachverhalten, Meinungen, Urteilen, Beweggründen des Handelns usw. (am weitesten verbreitete Technik)
   Arten: schriftlich - fernmündlich - mündlich; freies Gespräch - schriftlicher Bericht - Interview-Leitfaden - standardisierter Fragebogen

c) Experiment: Technik zur Überprüfung von Zusammenhängen zwischen gesellschaftlichen Erscheinungen bei Kontrolle der Einwirkung von Einflußfaktoren
   Beispiel: In einem Industrieunternehmen wird der Einfluß von Arbeitsbedingungen auf den Leistungswillen der Arbeiter untersucht.

d) Soziometrie: Messung von Zu- und Abneigungen innerhalb der Beziehungen eines Personenkreises
(Darstellung in soziometrischen Tabellen)

e) Erhebungsauswahl/Stichprobe:
Techniken, die zu Erhebungszwecken aus einer Gesamtheit nur eine beschränkte Menge auswählen, wobei die Ergebnisse jedoch als für das Ganze gültig erachtet werden
Arten: Zufallsauswahl, Wahrscheinlichkeitsauswahl, geschichtete Auswahl, Mehrstufenstichprobe

f) Inhaltsanalyse: Bedeutungsanalyse von Mitteilungen und Äußerungen
(Frage: Wer sagt was zu wem - wie und mit welcher Wirkung?)
Beispiel: Was bezwecken Journalisten mit Berichten über eine Kriegsgefahr? Welche Wirkungen lösen solche Meldungen beim Leser aus?

g) Faktorenanalyse: statistische Analyse, mit deren Hilfe Merkmalsbeziehungen aus dem Zusammenwirken einer Reihe von unabhängigen Faktoren erklärt werden können
Beispiel: Verhältnis zwischen "Diebstahl" und "ungünstiger wirtschaftlicher Lage";
auslösende und fördernde Elemente: Armut, Arbeitslosigkeit, geringer Reallohn, Teuerungswellen, Familiengröße, mangelhafte Wohnverhältnisse, Wohnen im Slum-Viertel, Zugehörigkeit zu Randschichten...)

(13)

Einschränkend muß zu den aufgeführten Techniken gesagt werden, daß die beanspruchte Objektivität in den meisten Fällen nicht gegeben ist. Die Objektivität wird beeinträchtigt durch z. B.

- die Auswahl des Untersuchungsgegenstandes
- die Beeinflussung der Untersuchungssituation (durch Befrager, durch Untersuchungsanordnung)
- den Einfluß des Auftraggebers
- den Einfluß des persönlichen Interesses des Untersuchenden.

4. Richtungen in der Soziologie

Ganz grob und vereinfachend kann man die heutige Soziologie in zwei Richtungen unterteilen:

a) **Positivismus** (analytisch-empirisch)
   Soziologie als Erfahrungswissenschaft mit einer empirisch-exakten Ausrichtung in der Analyse von Einzelbereichen, die aus der Gesellschaft herausgelöst erscheinen.

b) **Kritische Theorie** (dialektisch)
   Diese Richtung schließt an die Tradition des 19. Jahrhunderts an (Marx) und erhebt den Anspruch, eine kritische Gesellschaftstheorie zu sein. Sie untersucht die Gesamtheit der gesellschaftlichen Phänomene.

Es ist klar, daß bei dieser verallgemeinernden Zweiteilung die Unterschiede innerhalb einer Richtung nicht berücksichtigt werden können (z. B. für Positivismus: Neopositivisten, kritische Rationalisten). Auch der Unterschied zwischen der 'Kritischen Theorie' und der marxistischen Soziologie soll hier nicht erörtert werden. Jedoch läßt sich eine Zweiteilung begründen mit dem Hinweis auf den bekannt gewordenen Methodenstreit, der seit beinahe 50 Jahren zwischen beiden Richtungen ausgetragen wird.

4.1. Positivismus

Die positivistische Soziologie beschränkt sich auf die "Tatbestandsfeststellung des Sozialen", sie analysiert das, was ist. Diese Soziologie als Wissenschaft wird streng getrennt von der Anwendung ihrer festgestellten Ergebnisse. Die praktische Umsetzung der Ergebnisse z. B. in der Sozialpolitik, Bildungspolitik usw. interessiert sie nicht. In der positivistischen Wissenschaftstheorie gibt es keinen Platz für Gesellschaftsforschung (Gesellschaftstheorie) mit verbindlich gemachten Zielvorstellungen, und eine so ausgerichtete Soziologie kann folglich keine normative sein. Sie darf keine "Leitbilder" und Ideologien haben. Theorie und Praxis werden im Positivismus scharf voneinander unterschieden.

Das Problem der Werturteile spielt hier eine wichtige Rolle. Gefordert wird im Positivismus, die gesellschaftliche Wirklichkeit soll so beschrieben werden, wie sie ist und nicht, wie sie sein sollte. Das beinhaltet eine Absage an eine "wertende Beurteilung" der sozialen Tatbestände. Jedoch kann es eine derartige "Voraussetzungslosigkeit" gar nicht geben, denn bei jeder Materialauswahl, theoretischen Fragestellung und Technik der Verfahrensweise kommt es zwangsläufig zu einer wertenden Beurteilung (Wertbezogenheit), da der Soziologe nicht nur Forscher (Wissenschafter) ist, sondern auch Mitglied einer Gesamtgesellschaft, und diese ist nun einmal auf "Werte" für ihren Zusammenhalt angewiesen. Dennoch wird im Positivismus die Ausschaltung weltanschaulicher Momente und größtmögliche Objektivität gefordert. (14)

4.2. Kritische Theorie

In der kritischen Theorie beschäftigt sich die Soziologie auch mit den Beziehungen und Verhältnissen, in denen Individuen oder Gruppen zueinander stehen. Sie fragt aber darüber hinaus auch nach den Herrschafts- und Machtverhältnissen in der Gesellschaft. Sie beschreibt die Möglichkeit (oder besser: Wirklichkeit), wie einige Menschen oder Gruppen anderen ihre Absichten aufzwingen oder wie ungleich die Ergebnisse der gesellschaftlichen Produktion verteilt sind. Hier versucht die Soziologie herauszufinden, in wessen Interesse vorhandene Gesellschaftsstrukturen unterstützt werden oder wem politische oder soziale Maßnahmen nützen. Alle sozialen Tatbestände werden in ihrem jeweiligen sozialen und historischen

Zusammenhang interpretiert. Soziologie als Wissenschaft ist nicht nur "Protokoll der Wirklichkeit", sondern sie gestaltet auch ein "vernünftiges" und menschenwürdiges Dasein. D. h. die kritische Theorie nimmt bewußt Überlegungen mit auf, die ihren Soll-Charakter und Entscheidungen für bestimmte Werte (was versteht man unter einem vernünftigen Dasein?) nicht leugnen.

Der marxistische Ansatz bestimmt das Verhältnis von Wissenschaft und Praxis dialektisch. Er fordert ein Maximalprogramm: Die Soziologie hat zu den bestehenden gesellschaftlichen und politischen Machtgruppierungen kritisch Stellung zu nehmen und zwar orientiert an den Vorstellungen, wie die Gesellschaft sein könnte. "Die Soziologie will also Handlungsalternativen anbieten: Die Ergebnisse ihrer Gesellschaftsanalyse sollen in praktisch-politisches Handeln umgesetzt werden". (15)

4.3. Bewertung beider Richtungen

Die wesentlichen Inhalte beider wissenschaftstheoretischer Richtungen sollen hier noch einmal tabellarisch gegenübergestellt werden:

Positivismus	Kritische Theorie
- untersucht Teil der Gesellschaft	- untersucht die Gesellschaft als zusammenhängendes Ganzes
- benutzt empirisch-statistische Methode	- benutzt dialektische Methode
- will objektive Wirklichkeit erkennen (wertfrei; Frage nach dem WAS und WIE)	- will Emanzipation des Menschen (erkenntnisleitendes Interesse; Frage nach dem WOZU)
- trennt zwischen Theorie und Praxis (Wissenschaft und Anwendung)	- verbindet Theorie und Praxis

Zur Kritik am Positivismus wäre anzumerken, daß die Grenzen einer empirischen Sozialwissenschaft dann gegeben sind, wenn

- die Soziologie zu einer reinen Anhäufung von Einzelinformationen ohne sinnvolle Zuordnung wird
- die Soziologie durch ihre Einzelausschnitte von der gesamtgesellschaftlichen Problematik ablenkt
- die Soziologie durch Betonung genauer Methodentechniken das Forschungsfeld einengt
- die Soziologie die Ergebnisse als feststehende "soziale Tatsachen" veröffentlicht, die dann ihrerseits soziale Realitäten schaffen können. (16)

Das Problem von gesellschaftlicher Herrschaft wird ausgeklammert, da die historische Entstehung derselben und die grundsätzliche Veränderbarkeit der Gesellschaft nicht berücksichtigt werden.

Die Vorwürfe gegenüber der kritischen Theorie lauten:

- Die Beobachtung und Beschreibung von sozialen Tatbeständen wird vermischt mit "Sozialutopien" und "Ideologien".
- Die kritische Theorie läßt keinen "Wertpluralismus" zu. Sie will ihre theoretische Grundlegung für alle verbindlich machen, anstatt sich mit der Vielzahl von verschiedenen theoretischen Modellen auseinanderzusetzen.
- Die Soziologie steht bei der kritischen Theorie im Dienste einer dogmatischen Ideologie.

Zusammenfassung

Die Soziologie der kritischen Theorie ist eine alternative Soziologie, welche die soziale Wirklichkeit nicht als eine unveränderbare Gegebenheit auffaßt, wie es im Positivismus geschieht, wo die sozialen Tatsachen den Gegebenheiten in

in den Naturwissenschaften vergleichbar vorgestellt werden. Im
Positivismus wird die bürgerliche Gesellschaft als ein "natürlicher Mechanismus" betrachtet. Hier bleibt den Mitgliedern
der Gesellschaft nichts anderes übrig, als passive Zuschauer
eines unbegreiflichen Geschehens zu sein, das sie nicht beeinflussen können. Bei der kritischen Theorie ist es genau umgekehrt: Hier liegt es in der Macht des Menschen, über die Formen
des sozialen Lebens zu entscheiden. Die Gesellschaft ist keine
natürliche Gegebenheit, sondern sie ist das "Produkt menschlicher
Arbeit". Daneben aber erfahren die Individuen, wie die Gesellschaft auch bloßen Mechanismen unterliegt, denen man sich nicht
entziehen kann. So ist unsere Gesellschaft nicht nur zur Befriedigung der Bedürfnisse ihrer Mitglieder eingerichtet, sondern
auch um die "Kapitalverwertung" zu sichern. Und das bedeutet
in unserem Wirtschaftssystem dann Auseinandersetzung und Abhängigkeit. (17)

Es ist schon erwähnt worden, daß der Soziologe in seiner Wissenschaft Mitglied seiner Gesellschaft bleibt. Der Soziologe
läßt das Objekt, das er untersucht, nicht unverändert. Die
Soziologie "gehört zur gegenwärtigen Gesellschaft, die dadurch,
daß sie das Objekt wissenschaftlicher Forschungen ist, eine
andere ist, als sie ohne Soziologie wäre" (18). Diese Aussage
wird verständlich, wenn man bedenkt, daß die Soziologie ganz
bestimmte Informationen über die Gesellschaft liefert, welche
sich bei den Mitgliedern zu entsprechenden Anschauungen verfestigen. Da der Mensch aber im allgemeinen nach seiner Anschauung von der Wirklichkeit und nicht nach der Wirklichkeit
selbst handelt, verändert er dadurch die Realität.

Der Soziologe "bemüht sich, das Wissen zu liefern, das notwendig ist, um die Menschen zu einem wahren Dialog über die
eigene Gesellschaft zu befähigen, in der die Frage, wie die
soziale Ordnung beschaffen sein könnte und müßte, adäquat gestellt wird. Eine solche Soziologie bedürfte nicht einmal
einer ausdrücklich kritischen Intention. Sie würde einfach
dadurch kritisch sein, daß sie, weil sie sich der Wahrheit
verpflichtet weiß, anstatt an der Unterdrückung wichtiger
Fragen mitzuhelfen, diese Frage ins Bewußtsein hebt." (19)

Anmerkungen

1) Fisch, S. 11
2) Wössner, S. 27
3) vgl. Ruegg, S. 15
4) vgl. Bellebaum, S. 9
5) vgl. Fisch, S. 11
6) vgl. Dreitzel, in Bahrdt, S. 222 f
7) vgl. Bolz, S. 8 f
8) vgl. a.a.O., S. 7
9) vgl. Barley, S. 4 f
10) vgl. Bellebaum, S. 16
11) Bahrdt, S. 17
12) vgl. Barley, S. 7 f
13) vgl. Wallner, S. 48 ff
14) vgl. a.a.O., S. 13 f
15) Bolz, S. 10
16) vgl. Wallner, S. 60 f
17) vgl. Hoefnagels, S. 23
18) a.a.O., S. 9 f
19) a.a.O., S. 19

Literatur zur Einarbeitung

Adorno, Th. W. u.a., Der Positivismusstreit in der deutschen Soziologie, Neuwied und Berlin 1969
Bahrdt, H. P., Wege zur Soziologie, München 6/1966
Berger, P.L., Einladung zur Soziologie, Olten und Freiburg 1969
König, R., Soziologische Orientierungen, Köln 2/1973

Gruppe

Der Mensch als "soziales Wesen" erfährt sich nie allein, sondern erst im Kontakt mit anderen ist menschliches Leben denkbar.

"Vom Augenblick der Geburt an ist er Mitglied irgendeiner Gruppe, und er kann den Einflüssen seiner Gruppenzugehörigkeit niemals entrinnen. In der frühen Kindheit ist die Beziehung zu anderen wegen der Hilflosigkeit und Schwäche des kleinen Mensch(en) eine Grundbedingung des Lebens. Später wird dann durch den sich ständig erweiternden Aktionsradius des Individuums und infolge der Gesellschaftsstruktur der Kontakt mit anderen fast unvermeidlich. Auch der einsamste Mensch, etwa ein Einsiedler, unterliegt den Einwirkungen irgendeines Gruppenzwanges, sei es auch nur durch seine Zugehörigkeit zu einer Familiengruppe. Selbst wenn er sich anderen zu entziehen sucht, reagiert er in gewissem Sinne auf sie." (1)

1. Soziale Gruppe

1.1. Abgrenzung

Im allgemeinen lassen sich Individuen nach sehr unterschiedlichen Merkmalen einteilen, z. B. nach Alter, Geschlecht, Einkommen, Beruf u. a. Häufig wird dann von Gruppen gesprochen, wobei es sich jedoch im soziologischen Sinne nicht immer um soziale Gruppen handeln muß.

In der Soziologie unterscheidet man zwischen statistischen bzw. gesellschaftlichen, flüchtigen und sozialen Gruppen.

- Die **Statistische Gruppe** (auch Kategorie genannt) ist eine Zusammenfassung von Individuen aufgrund einer oder mehrerer gemeinsamer Merkmale. Diese Gemeinsamkeit ist aber ohne jegliche weitere soziale Bedeutung. Die Betroffenen kennen sich meist nicht einmal untereinander, z. B. Linkshänder, Angehörige der Blutgruppe A, Telefonbesitzer u. a.

Die Statistische Gruppe wird zur <u>gesellschaftlichen Gruppe</u> (auch soziale Kategorie genannt), wenn das gemeinsame Merkmal sozial relevant wird, wie z. B. bei Personen mit hohem Einkommen, die dadurch auch oft Macht besitzen und politischen Einfluß ausüben können.

- Eine <u>flüchtige Gruppe</u> (auch soziales Aggregat genannt) ist eine Ansammlung von Menschen, die rein zufällig und nur für kurze Zeit räumlich zusammentreffen, wie z. B. bei einer Demonstration oder auf dem Fußballplatz. Kennzeichnend für diesen Gruppentyp sind geringe Kontakte bei relativ einheitlichem Verhalten, welches zudem meist emotional eingefärbt ist.

1.2. <u>Definition und allgemeine Merkmale der sozialen Gruppe</u>

Im Gegensatz zu den vorstehenden Gruppenbestimmungen kann man eine <u>soziale Gruppe</u> wie folgt definieren:

<u>Def.</u>: Sie umfaßt mindestens zwei Individuen, die nicht nur gemeinsame Merkmale (siehe auch: Kategorie), aufweisen, sondern zusätzlich durch ein Gefühl der Zusammengehörigkeit (Wir-Gefühl) gekennzeichnet sind. Außerdem ist die soziale Gruppe relativ dauerhaft (im Unterschied zum Aggregat), so daß sich die gemeinsamen Überzeugungen in Regelmäßigkeiten des Handelns der Gruppenmitglieder untereinander niederschlagen. (2)

Diese Definition ist natürlich nur eine mögliche unter vielen anderen, die man gemeinhin in Soziologie-Lehrbüchern finden kann. Es scheint uns aus diesem Grunde notwendig, folgende typische Merkmale der sozialen Gruppe herauszustellen:

- eine bestimmte Anzahl von Mitgliedern (mehr als zwei)
- Wir-Bewußtsein
- bestimmte Ziele und Interessen
- eine bestimmte Dauer und Kontinuität der Gruppe
- zwischenmenschliche Beziehungen innerhalb der Gruppe
- eine innere Struktur: bestimmte Rollen- und Positionsunterschiede (siehe nächstes Kapitel)
- eine einheitliche **Struktur nach** außen: bestimmte Formen der Außenbeziehungen

(3)

Das folgende Schaubild (II) soll die verschiedenen Möglichkeiten von Gruppeneinteilungen noch einmal verdeutlichen.
(siehe S. 27)

1.3. Klassifizierung von Gruppen

Die verschiedenen Arten und Formen von Gruppen kann man nach Größe, Stabilität, Struktur, Aufnahmebedingung und Mitgliedschaft unterteilen.

a) Merkmal der Größe

- Großgruppe: verringertes "Wir-Bewußtsein"; je größer eine soziale Gruppe, um so größer ist die Zahl von Untergruppen
  Beispiel: Kirchen, Gewerkschaften usw.

- Kleingruppe: Kennzeichen ist die Bekanntheit aller Mitglieder untereinander
  Beispiel: Familie, Operationsteam

b) Merkmal der Stabilität

- kurzfristige Gruppen: Flüchtige Gruppen haben ein zeitweiliges gemeinsames Interesse

Schaubild (II)

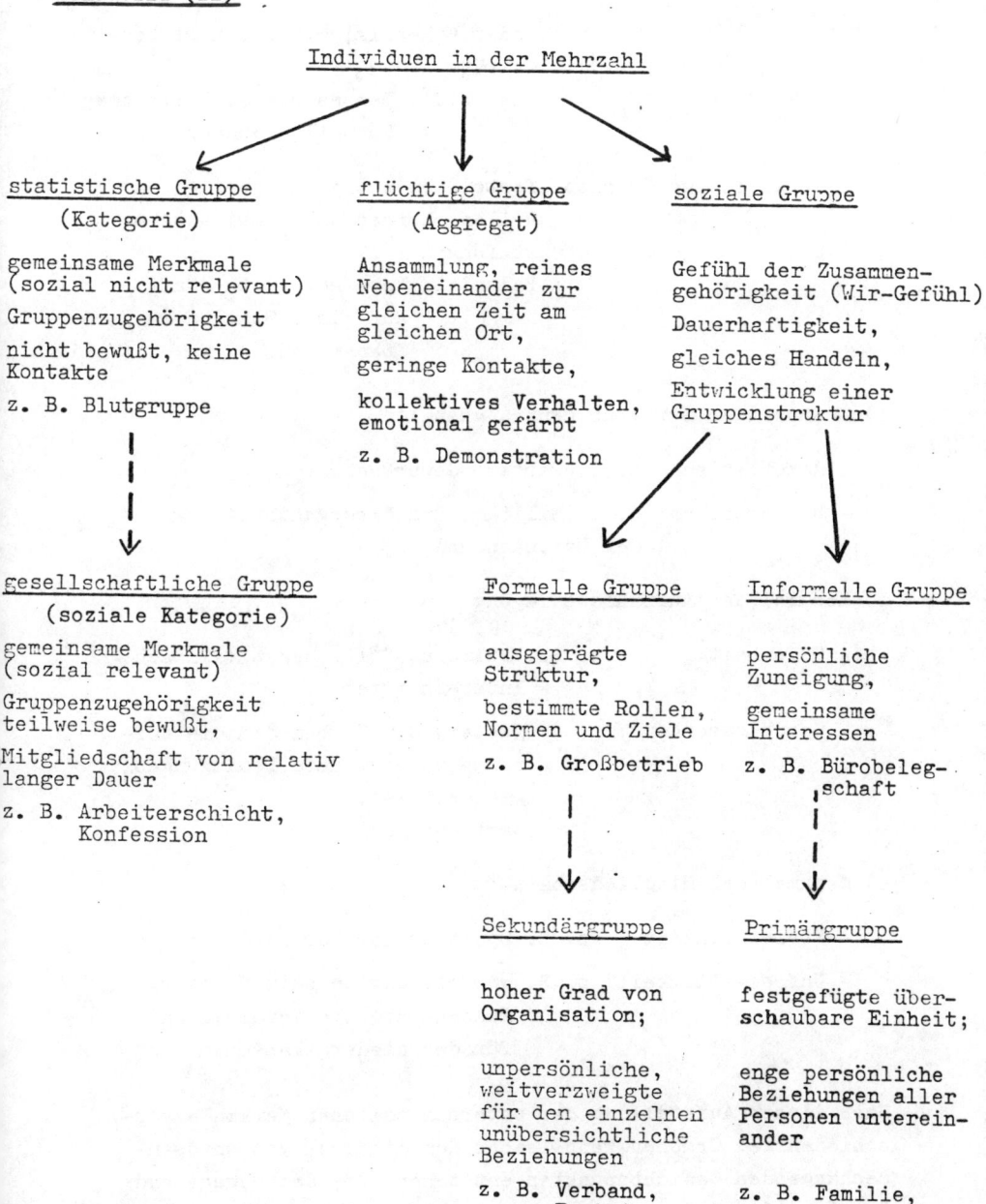

Individuen in der Mehrzahl

↙ ↓ ↘

statistische Gruppe
(Kategorie)

gemeinsame Merkmale
(sozial nicht relevant)
Gruppenzugehörigkeit
nicht bewußt, keine
Kontakte

z. B. Blutgruppe

⇩

gesellschaftliche Gruppe
(soziale Kategorie)

gemeinsame Merkmale
(sozial relevant)
Gruppenzugehörigkeit
teilweise bewußt,
Mitgliedschaft von relativ
langer Dauer

z. B. Arbeiterschicht,
Konfession

flüchtige Gruppe
(Aggregat)

Ansammlung, reines
Nebeneinander zur
gleichen Zeit am
gleichen Ort,
geringe Kontakte,
kollektives Verhalten,
emotional gefärbt

z. B. Demonstration

soziale Gruppe

Gefühl der Zusammen-
gehörigkeit (Wir-Gefühl)
Dauerhaftigkeit,
gleiches Handeln,
Entwicklung einer
Gruppenstruktur

↙ ↘

Formelle Gruppe

ausgeprägte
Struktur,
bestimmte Rollen,
Normen und Ziele

z. B. Großbetrieb

⇩

Sekundärgruppe

hoher Grad von
Organisation;

unpersönliche,
weitverzweigte
für den einzelnen
unübersichtliche
Beziehungen

z. B. Verband,
Partei

Informelle Gruppe

persönliche
Zuneigung,
gemeinsame
Interessen

z. B. Bürobeleg-
schaft

⇩

Primärgruppe

festgefügte über-
schaubare Einheit;

enge persönliche
Beziehungen aller
Personen unterein-
ander

z. B. Familie,
peergroup

oder Erlebnis; oft Gefühlsintensität.
Beispiel: Demonstrationsteilnehmer, Fußballzuschauer.

- langfristige Gruppen: feste Gliederung mit speziellen Rollen, Normen und Auoritätsabstufungen
Beispiel: Vereine, Ärzteschaft, auf einer Station im Krankenhaus

c) Merkmal der Struktur (Führungsstil)

 - demokratisch: z. B. Partei, Gewerkschaft
 - hierarchisch: z. B. Militär, Standesorganisation wie der Hartmannbund

d) Merkmal der Aufnahmebedingung

 - Offenheit: z. B. "Filmclubs" für jeden filmisch Interessierten
 - Geschlossenheit: z. B. "Rotary Club", bei dem die Aufnahme an bestimmte Bedingungen geknüpft ist; Hartmannbund

e) Merkmal der Mitgliedschaft

 - Freiwilligkeit: z. B. Sportverein, Hartmannbund
 - Unfreiwilligkeit: z. B. Wehrpflichtige beim Militär, Kassenärztliche Vereinigung für den niedergelassenen Arzt

Nach dieser Aufstellung der unterschiedlichen Merkmale verschiedenster Gruppen kann leicht der Eindruck von unzusammenhängenden Gesichtspunkten entstehen, die den Gegenstand "soziale Gruppe" eher verunklaren als deutlich machen. Deshalb sollen im folgenden noch einmal die gemeinsamen Merkmale aller organisierten Gruppen genannt werden. Jede Gruppe hat eine bestimmte Aufgabe (Funktion), die überhaupt zur Bildung der Gruppe geführt hat. Im Laufe der Zeit bilden sich in jeder Gruppe ganz bestimmte Normen heraus, die insofern typisch für die eigene Gruppe sind, als diese Normen oft in den übrigen Bereichen der Gesellschaft nicht gültig sind. Mit der Herausbildung bestimmter Rollen in der Gruppe wird Verantwortung und Autorität auf die einzelnen Mitglieder in unterschiedlicher Weise verteilt, d. h. es bildet sich eine Autoritätsstruktur heraus. Schließlich grenzt sich die Gruppe nach außen hin ab, z. B. durch gemeinsamen Besitz (Kasse, Vereinshaus) und gemeinsame Symbole (Fahne, Abzeichen). (4)

1.4. Primär- und Sekundärgruppe

Während es unter 1.3. um eine formale Einteilung von Klassifizierungsmerkmalen ging, ist die nun folgende Unterscheidung von Gruppen in _primäre_ und _sekundäre_ die wohl wichtigste für die Soziologie.

a) Primärgruppe

Erste und wichtigste Gruppe, die dem Individuum ein Gefühl für soziale Einheit vermittelt. Sie ist festgefügt und überschaubar. Die Mitglieder dieser Gruppe unterhalten sehr enge emotional verankerte Beziehungen. (5) Primärgruppen werden auch Intim- und "face-to-face"-Gruppen genannt, weil jede Person mit allen anderen in direkte Beziehungen treten kann. In diesen Gruppen macht der Mensch seine grundlegenden Erfahrungen, die seine spätere Entwicklung in entscheidender Weise beeinflussen. Die persönlichen, intimen Kontakte spielen sich in Primärgruppen unmittelbar ab, d. h. die Reaktionen auf eigene Handlungen sind beim anderen direkt ablesbar, z. B. in Äußerungen der Billigung oder Mißbilligung. (6)
Beispiele: Familie, Kinderspielgruppe, Nachbarschaftsgruppe

b) Sekundärgruppe

Das hauptsächliche Kennzeichen der Sekundärgruppe ist, daß sie auf ein bestimmtes Ziel hin zweckhaft ausgerichtet ist. Die Kontakte der Gruppenmitglieder sind nicht so häufig und ungezwungen wie in der Primärgruppe, sondern mehr durch formelle und rechtliche Abmachungen geregelt. Dadurch sind die Beziehungen untereinander unpersönlich, indirekt und statt auf den "ganzen" Menschen nur auf einen Ausschnitt der Person beschränkt (z. B. bei der beruflichen Leistung). Durch ihre Größe können Sekundärgruppen oft für das einzelne Mitglied unübersichtlich sein. Sekundärgruppen sind meistens Vereine, Verbände, Betriebe, Anstalten u. a. Beispiel: politische Partei, Organisationen von Geschäftsleuten, Ärzten usw.

Zur Verdeutlichung von Beziehungen in Primär- bzw. Sekundärgruppen ist das folgende Schaubild (III) aufgeführt. (s. S. 31)

Der Gegenüberstellung von Primär- und Sekundärgruppen entspricht in etwa eine andere in der Soziologie übliche Einteilung nämlich diejenige von _informeller_ und _formeller_ Gruppe. Die formelle Gruppe hat - wie die Sekundärgruppe - den intentionalen Aspekt, denn sie ist geplant und stark struktuiert. Die Verhaltensweisen der Mitglieder sind hier vielfach so weitgehend vorbestimmt, daß die einzelnen Personen ausgewechselt werden können, ohne den Wirkungszusammenhang der Organisation zu stören. Bei der informellen Gruppe dagegen beruhen die Beziehungen zumeist auf Sympathie, Gefühlen, gleichen Interessen oder dauerndem Beisammensein und sind dementsprechend direkter und persönlicher. Da informelle Gruppierungen oft Untergruppen und Cliquen in formellen Gebilden sind, wo sie der Befriedigung individueller Bedürfnisse dienen, die im Rahmen von Großgruppen nur schlecht Berücksichtigung finden können, wird die Unterscheidung zwischen formellen und informellen Gruppen besonders für die Betriebssoziologie wichtig (z. B. im Falle eines gestörten "Betriebsklimas"). (7)

Schaubild (III)

Schema der Beziehungen in einer Primär- bzw. Sekundärgruppe

Primärgruppe (Freundeskreis)

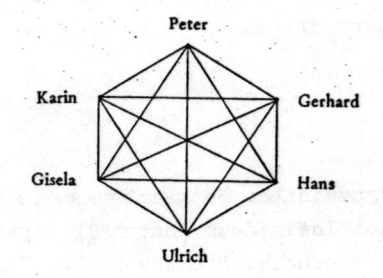

- Peter
- Karin
- Gerhard
- Gisela
- Hans
- Ulrich

Sekundärgruppe (Industrieunternehmen)

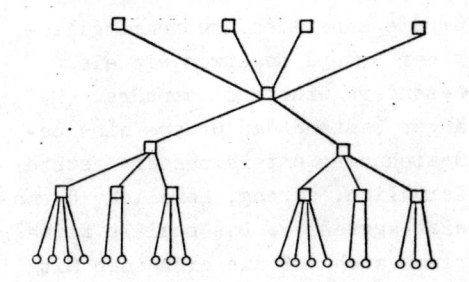

Vorstand
Geschäftsführer
Abteilungsleiter
Gruppenleiter
Mitarbeiter

(nach K. Hinst)

2. Gruppendynamik

Das Phänomen "Soziale Gruppe" wurde bisher ausschließlich formal erörtert, d. h. es wurden hauptsächlich Begriffserklärungen und Abgrenzungen vorgenommen. Der nun folgende Teil soll im Gegensatz zu der vorherigen analytischen Betrachtung die Dynamik sozialer Gruppenprozesse hervorheben und die Anwendung der Ergebnisse in der Praxis wenigstens teilweise berücksichtigen.

2.1. Gruppeneinflüsse

Ausgangspunkt der gruppendynamischen Betrachtungsweise ist die Erkenntnis, daß sich das Individuum innerhalb einer Gruppe anders verhält als außerhalb. Die Anwesenheit anderer Menschen wirkt sich also auf das Erleben und Verhalten des einzelnen aus. Man kann diesen Einfluß als "sozialen Effekt" der Gruppe bezeichnen. (8)

Dieser soziale Effekt für die einzelnen Gruppenmitglieder ergibt in der Gesamtheit der Gruppe so etwas wie ein "soziales Klima", eine besondere Gruppenatmosphäre. (9) So kann man bei jeder länger bestehenden Gruppe eine bestimmte Ausprägung der Beziehungen untereinander feststellen, z. B. freundlich, feindlich, streng, herzlich, harmonisch-ausgeglichen, gereizt-aggressiv. Das soziale Klima einer Gruppe wirkt natürlich auch auf die einzelnen Mitglieder zurück und bestimmt deren Verhalten.

Wenn also gesagt worden ist, daß eine soziale Gruppe eine bestimmte Atmosphäre hat und ein einheitliches Gebilde darstellt, so heißt das aber nicht, Gruppen seien in sich einheitlich. Die Mitglieder einer sozialen Gruppe haben unterschiedliche Stellungen inne. Diese Rangordnung teilt eine Gruppe in Führer, Mitläufer, Randfiguren, Außenseiter usw. ein. Besonders wichtig sind die Rangplätze des Gruppenführers und des Außenseiters ("schwarzes Schaf"). Beachtenswert dabei ist, daß der Führer mit den Geführten nicht "machen" kann, was er will. Vielmehr wird er desto eher als Führer anerkannt, je besser er das Verhalten der ganzen Gruppe repräsentiert. "Der Führer ist stärker als jedes Gruppenmitglied - er gibt Befehle, sie gehorchen. Er ist schwächer als die Gruppentradition und gezwungen, sie zu akzeptieren; er ist also stärker als die einzelnen Mitglieder, jedoch schwächer als das Gebilde Gruppe". (10) Wichtig an der Stellung des Außenseiters ist seine Funktion, den Zusammenhalt der Gruppe zu fördern, indem er als ausgewählter Sündenbock die anderen Gruppenmitglieder von ihren Schwierigkeiten entlastet.

Eine Möglichkeit, die Rangordnung innerhalb von Gruppen herauszufinden, ist durch die Soziometrie (vgl. Punkt 3.3. des vorigen Kapitels) entwickelt worden. Bei diesem Verfahren wird die Gruppenstruktur nur unter dem Aspekt einer positiven bzw. negativen Wahl untersucht. Die Mitglieder von Kleingruppen werden z. B. gefragt, mit wem sie am liebsten zusammenarbeiten oder in Urlaub fahren würden usw. Die Ergebnisse solcher Befragungen lassen sich dann in einem sog. Soziogramm graphisch darstellen. Die Beziehungen der Mitglieder untereinander werden durch Pfeile angedeutet, die, wenn sie durchgezogen sind, eine positive Wahl (Bevorzugung), wenn sie unterbrochen sind, eine negative Wahl (Ablehnung) ausdrücken. Aus dem unten aufgeführten Schaubild (IV) lassen sich leicht die Person A mit fünf positiven Nennungen als der "Star", die Person H mit sechs negativen Nennungen als das "schwarze Schaf" der Gruppe bestimmen:
(siehe Seite 34)

Schaubild (IV)

Soziogramm einer Gruppe von 11 Mitgliedern
(Fußballmannschaft) nach Moreno.

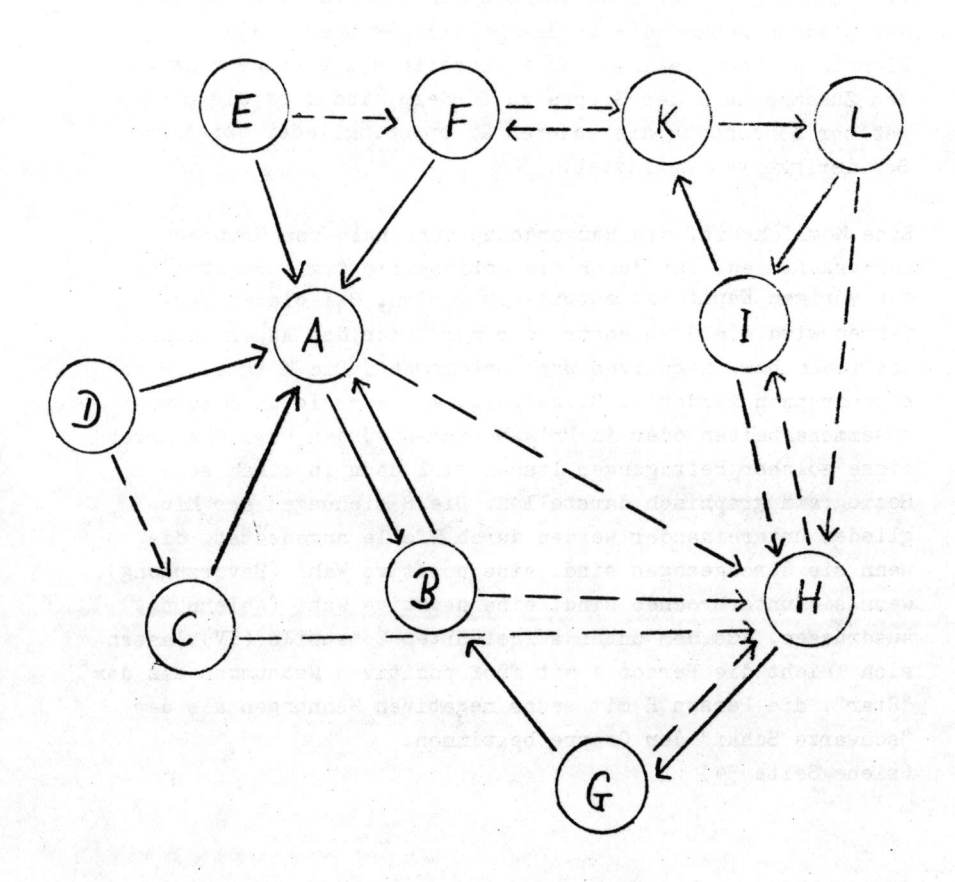

Die Gruppenstruktur (Rangordnung) hat selbstverständlich Einfluß darauf, wie die Beziehungen innerhalb der sozialen Gruppe ablaufen. In einer stark vom Führer abhängigen Gruppe wird der Kontakt der Mitglieder untereinander geringer sein als in einer eher auf Gleichberechtigung ausgerichteten Gruppe. Man hat die Wirkung dieser unterschiedlichen Strukturen auf den Informationsfluß und die informellen Beziehungen zwischen den Gruppenmitgliedern untersucht, und zwar in Hinblick auf die Arbeitsleistung und die Zufriedenheit. Dabei ist man zu dem Ergebnis gekommen, daß **autoritär** geführte Gruppen zwar eine größere Arbeitseffektivität aufweisen, dafür aber Unzufriedenheit bei den Mitgliedern hervorgerufen wird, während bei demokratisch aufgebauten Gruppen die Arbeitsleistung pro Zeiteinheit geringer, die Zufriedenheit jedoch größer ist. Außerdem ist die Langzeitwirkung der Ergebnisse bei dem letzten Gruppentyp anhaltender, da ein gemeinsames Erarbeiten mehr Anteilnahme und persönlichen Einsatz erfordert. Das folgende Schaubild (V) zeigt die Wirkungen unterschiedlicher Gruppenstrukturen auf Geschwindigkeit und Zufriedenheit bei der Arbeit in der Gruppe
(siehe S. 36)

2.2. Gruppenprozeß

Gruppenatmosphäre und Gruppenstruktur sind nicht statisch aufzufassen, sondern sie ändern sich fortwährend, bedingt durch den Entwicklungsprozeß einer Gruppe. So kann sich z. B. durch Zu- und Abgänge von Mitgliedern das soziale Klima verbessern bzw. verschlechtern, und die Rangfolge von Führer und Geführten kann sich mitunter sogar umkehren.

Anhand von Versuchen mit Kleingruppen hat man gewisse Regelmäßigkeiten in der Entwicklung der Gruppen festgestellt, was darauf schließen läßt, daß alle Gruppen unabhängig von ihrer Zusammensetzung und ihrer Aufgabenstellung mit ähnlichen Problemen zu tun haben. Der Entwicklungsprozeß läßt sich demnach in folgende 4 Phasen zergliedern. (11)

Schaubild (V)

Möglichkeiten für die Beziehungen zwischen Gruppenstruktur und erfolgter Kommunikation

Kreis	Reihe	Stern
(Freundeskreis)	(Schichtdienst)	(Weisungen des Meisters, des Chefarztes usw.)

Führer-rolle	unbestimmt	deutlich	sehr deutlich
Arbeitsge-schwindig-keit	gering	groß	groß
Zufrieden-heit	sehr groß	gering	sehr gering

a) Phase der **Orientierung**

Die einzelnen Gruppenmitglieder versuchen sich an den jeweils anderen zu orientieren, um damit zu erreichen, daß sie einerseits die Gruppenregeln nicht verletzen, daß sie andererseits den gemeinsamen Zielen möglichst nahe kommen. Das Verhalten ist vorwiegend sachbezogen, gefühlsmäßige Bindungen spielen vorerst eine untergeordnete Rolle, man ist abwartend und zurückhaltend.

b) Phase der **Strukturierung und Machtkämpfe**

Erst nach einer gewissen Zeit kommt die gefühlsmäßige Bindung an die Gruppe als bestimmendes Moment hinzu, die Zugehörigkeit zur Gruppe gewinnt an Bedeutung für den einzelnen. In diesem Stadium kommt es dann zu den ersten persönlich bedingten Konflikten innerhalb der Gruppe: man trägt Rivalitäten aus, probiert die eigenen Möglichkeiten und Grenzen innerhalb der Gruppe. Hier werden neben den Interessen der einzelnen auch deren Fähigkeiten sichtbar, so daß sich die ersten Rollenverteilungen ergeben und sich die ersten Untergruppen bilden. Je nach der Stärke der Machtkämpfe kann es zu Spannungen in der Gruppe kommen, die nicht selten bis zur Auflösung führen.

c) Phase der **Strukturierung und Vertrautheit**

Mit zunehmender Vertrautheit der Mitglieder werden die unterschiedlichen Interessen und Meinungen nebensächlicher. Man beginnt die wechselseitige Abhängigkeit zu erkennen und fängt an, die Gemeinsamkeiten stärker zu betonen, sich gegenseitig mehr zu unterstützen. Das ist Voraussetzung dafür, daß man sich auf bestimmte Verhaltensregeln (Normen) für das Gruppenleben einigt. Jetzt findet man auch erst die Ruhe, sich den eigentlichen Aufgaben der Gruppe zu widmen, so daß in diesem Stadium meist konkrete Arbeitspläne entwickelt werden.

d) Phase der <u>Identifikation mit der Gruppe</u>

Hat sich die Gruppe so weit gefestigt, daß Normen und Vorgehensweise abgesteckt sind, kann mit der Arbeit begonnen werden. Den Rückhalt bildet ein Gefühl der Geborgenheit in der Gruppe, für den Fortgang sorgen die gemeinsamen Tätigkeiten und die Zusammenarbeit. In dieser Phase steht die Mitgliedschaft außer Zweifel, meist identifiziert man sich selbstverständlich mit den Gruppenzielen. Und selbst, wo das nicht der Fall ist, ist die Gruppe meist so gefestigt, daß sie eine Diskussion über die gemeinsamen Ziele mit eventueller Richtungsänderung überstehen wird ohne allzu große Erschütterungen.

Die o. a. Schritte im Ablauf des Gruppenprozesses sind nicht aufzufassen als scharf getrennte Etappen. Es bestehen vielmehr fließende Übergänge, und die Entwicklung verläuft von Gruppe zu Gruppe mit unterschiedlicher Geschwindigkeit. Nur die Reihenfolge und die Richtung sind weitgehend vorgegeben, was sich bei jedem Eintritt eines neuen Mitglieds aufs neue erweist. Auch der Neuling muß im Grunde die gleichen Ebenen durchlaufen: er muß sich erst mit seinem Verhalten und seinen Gefühlen der Gruppe angepaßt und die Normen der Gruppe verinnerlicht haben, ehe er sich voll den Aufgaben der Gruppe widmen bzw. sich mit den Gruppenzielen auseinandersetzen kann.

Die Leistung der Gruppendynamik ist nicht darin zu sehen, die aufgezeigten, in allen Gruppen ähnlich gelagerten Konflikte beseitigen zu wollen, denn das wäre nicht möglich, da die Schwierigkeiten unvermeidlich sind. Ihre Aufgabe besteht vielmehr darin, diese Schwierigkeiten in ihrer Bedeutung für den Verlauf des Gruppenprozesses sichtbar und verwertbar zu machen. Dadurch werden die Probleme nicht überbewertet, sondern der Umgang mit den Konfliktfällen selbst mündet in einen neuen Lernprozeß ein, welcher der ganzen Gruppe weiterhilft.

2.3. Zusammenfassung gruppendynamischer Erkenntnisse

Die nachstehenden Erkenntnisse beruhen auf der Analyse von Gruppenbildungen und Gruppenstrukturierungen (Kleingruppen), von den Beziehungen der Gruppenmitglieder untereinander und den Prozessen, durch die das individuelle Verhalten in der Gruppe verändert wird. (12)

- Die ideale Gruppe hat 7 bis 9 Mitglieder. Je größer eine Gruppe ist, desto unbeweglicher und unstabiler ist sie.
- Je attraktiver die Gruppe für den einzelnen ist, desto stärker vermag sie die Mitglieder zu verpflichten.
- Die Erwartungen der Gruppe gehen stets über die Erwartungen der einzelnen Mitglieder hinaus.
- Gruppennormen haben Übereinstimmung der Meinungen und Einheitlichkeit des Verhaltens zur Folge.
- Innerhalb der Gruppe entwickelt sich eine Tendenz zur Kleinhaltung der Unterschiede.
- Der Einfluß von Gruppen ist so stark, daß das Verhalten des einzelnen allein durch Veränderung des Charakters der Gruppe entscheidend beeinflußt wird.
- Eine Gruppe, von der nichts verlangt oder erwartet wird, verliert ihren inneren Zusammenhang.
  Eine Gruppe, sie sich kein Ziel setzt, zerfällt, denn Gruppe ist nie Selbstzweck.
- Rangunterschiede gefährden nicht den Zusammenhalt von Gruppen. Führer und Geführte sind voneinander abhängig. Fast jede Gruppe hat einen Außenseiter.
- Individuen mit starken und vielseitigen Kontakten innerhalb der Gruppe bilden die Spitze des Gruppenaufbaus.
- In jeder Gruppe besteht die Gefahr, daß man sich dem "Führer"blindlings anschließt. Das kann zur Folge haben:

- beim Individuum: Kontaktverlust, Verlust der Eigenständigkeit, der Persönlichkeit, Verantwortung und Initiative
- bei der Gruppe: Beschränkung der Entwicklungsmöglichkeiten in die vom "Führer" festgelegte Richtung.
- Mitunter verwandelt eine Gruppe innere Auseinandersetzung in Aggressivität gegenüber Außenstehenden.
- Eine äußere Bedrohung (out-group) erhöht den inneren Zusammenhalt der Gruppe (in-group)

Selbstverständlich muß man alle hier aufgeführten Gruppenphänomene unbedingt im Zusammenhang sehen. Teilweise beeinflussen sie sich stark gegenseitig.

Anmerkungen

1) Hartley / Hartley in Zoll / Binder, S. 10
2) vgl. Bellebaum, S. 32
3) vgl. Fisch, S. 28
4) vgl. Barley, S. 59 f
5) vgl. Wallner, S. 105
6) vgl. Grieswelle, S. 50
7) vgl. Bolz, S. 22
8) vgl. Zoll / Binder, S. 22
9) vgl. a.a.O., S. 26
10) Homans, zitiert nach Fisch, S. 35
11) vgl. Höbel / Seibert, S. 78 ff
12) Die hier aufgeführten zusammenfassenden Erkenntnisse sind stark angelehnt an, teilweise wörtlich übernommen von **Hölzel**, S. 6 ff

Literatur zur ersten Einarbeitung

Battegay, R., Der Mensch in der Gruppe, Bd. 1, Bern und Stuttgart 1967
Homans, G.C., Theorie der sozialen Gruppe, Köln u. Opladen 2/1965
Mills, Th.M., Soziologie der Gruppe, München 3/1971
Zoll, R. / Binder, H.-J., Die soziale Gruppe, Frankfurt u.a. 5/1972

Soziale Rolle

Ein zentraler und grundlegender Begriff in der Soziologie heißt "Rolle".

Der Begriff "Rolle" ist ein theoretischer Begriff, welcher der Realität nicht entspricht, sondern lediglich die Vermittlung des einzelnen mit der Gesellschaft begrifflich zu fassen versucht. (1) Es gibt viele Soziologen, die den Begriff "Rolle" ablehnen: Rollentheorie als "bildungsbürgerliche Verschleierungsideologie", "Rolle" als künstliche Trennung von Individuum und Gesellschaft, usw. (vgl. Punkt 2.1. in diesem Kapitel).

1. Rolle

1.1. Rolle und Position/Status

Mit dem Begriff der sozialen Rolle hängt der der sozialen Position eng zusammen. Die Menschen nehmen am gesellschaftlichen Leben teil in jeweils bestimmten Positionen, d. h. sie gehen die mit sozialen Stellungen notwendig verbundenen Beziehungen ein. So gibt es z. B. die sozialen Positionen Vater, Arzt, Parteimitglied, Vereinsmitglied u. a. Die aufgrund dieser Positionen entstehenden Beziehungen sind geregelt durch Erwartungen an das Verhalten der Beteiligten. Man bezeichnet diese Erwartungen als Rollenerwartungen. So erwartet man z. B. von einem Arzt ein fundiertes medizinisches Wissen und Können sowie eine selbstlose Einsatzbereitschaft für das Wohl seiner Patienten. Der Komplex aller Erwartungen, die sich auf eine Position beziehen - also etwa alles, was von einem Arzt erwartet wird - ist eine soziale Rolle. Im Grunde genommen sind Rolle und Position zwei Gesichtspunkte ein und desselben Sachverhaltes. Die soziale

Rolle ist der dynamische Aspekt der statisch gesehenen Position, d. h. die soziale Rolle macht die tatsächliche Erwartung an eine bestimmte Position deutlich.

Teilweise wird in der Literatur für den Begriff "Position" auch "Status" verwendet, also beide Bezeichnungen werden synonym (gleichbedeutend) gebraucht. Wir halten es jedoch für angebrachter, zwischen beiden Begriffen zu unterscheiden:

Def.: Position bedeutet Ort oder Platz in einem gesellschaftlichen Gebilde.

      Status kennzeichnet die Stellung (den Rang), die mit der entsprechenden Position verbunden ist.

Der Status ist mithin die bewertete Position.

Ein weiterer Aspekt für die soziale Rolle ist, daß die einzelne Rolle nie für sich allein betrachtet werden kann, sondern immer mit Rücksicht auf die Rolle anderer, die auch eine Position innehaben, bestimmt wird. So ergänzen sich in einer ambulanten Praxis die Rolle des Arztes und die des Patienten, in einem Hörsaal die des vortragenden Dozenten und die des zuhörenden Studenten usw. Damit hängen alle Rollen von einer oder mehreren anderen Rollen ab. (2)

Nach dem Vorstehenden kann man zusammenfassend die soziale Rolle anhand folgender Definition bestimmen.

Def.: Die soziale Rolle ist ein gleichmäßiges und regelmäßiges Verhaltensmuster aufgrund von Erwartungen, die man in einer sozialen Position (Status) zu erfüllen hat.

Neben den o. a. Begriffsabgrenzungen wird es in der Rollentheorie wichtig, drei verallgemeinernde Merkmale zu betonen, die den Rollenbegriff in einen systematischen Zusammenhang stellen.

- "Die soziale Rolle ist ebenso wie die Position vom jeweiligen Träger abhebbar".(3)
  Die Rolle "Arzt" hört nicht auf, wenn Dr. Müller seine praktische Tätigkeit als Zahnarzt aufgibt.

- "Der Inhalt der Rolle wird nicht von einem einzelnen Menschen, sondern von der Gesellschaft (und einzelnen Gruppen - d. V.) bestimmt und verändert". (4)
  So wird die Rolle des Arztes weniger vom einzelnen Patienten bestimmt, vielmehr durch die Zugehörigkeit zu einem bestimmten Berufsverband (Hartmannbund).

- "Die Erfüllung der Rollenerwartung wird durch die Gesellschaft oder durch die jeweilige Gruppe ... mittels Sanktionen überwacht".(5) (siehe Punkt 1.2.)
  Hier hängt die Durchsetzbarkeit bestimmter Rollenerwartungen von den gegebenen Machtverhältnissen ab, die Rollenverhalten gesellschaftlich beeinflussen können.

Den Zusammenhang zwischen Position und Rolle sowie das Beziehungsgefüge innerhalb einzelner Rollen soll das folgende Schaubild (VI) verdeutlichen.
(siehe S. 45)

Noch eine generelle zu erwähnende Unterscheidung kennt man in der Rollentheorie:

- <u>zugeschriebene</u> Rollen (ascribed roles)
- <u>erworbene</u> Rollen (achieved roles)

Zugeschriebene Rollen sind solche, die man ohne eigenes Zutun ausfüllt, z. B. die Geschlechtsrolle. Dagegen wird die erworbene Rolle erst nach erbrachter Leistung erreicht, z. B. die Berufsrolle.

Schaubild (VI)

Drei Positionsfelder eines Mannes mit ausgewähltem Personenkreis
(nach E. M. Wallner)

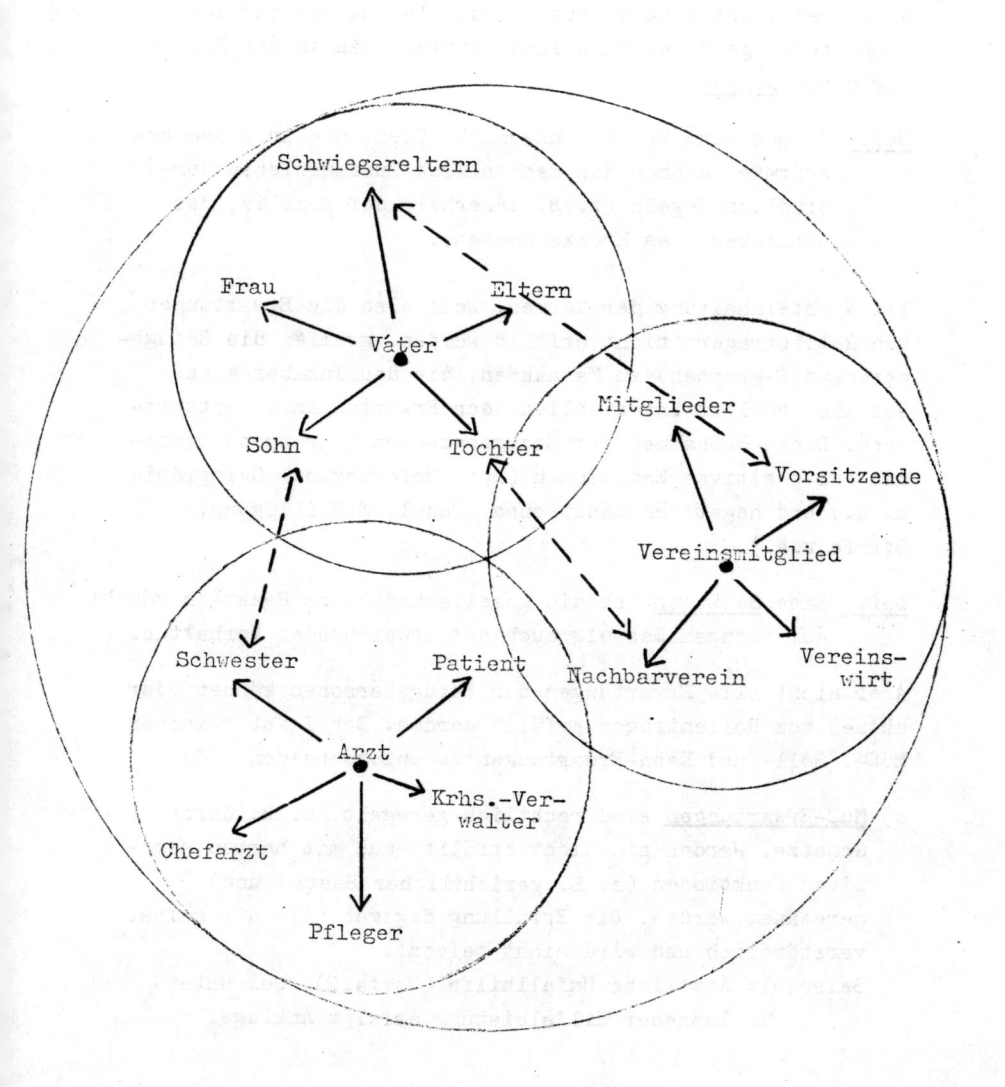

1.2. Rolle und Sanktion

Die Bezugspersonen (-gruppen) richten an einen Rollenträger ganz bestimmte Erwartungen. Wenn diese Erwartungen von allen Beteiligten akzeptiert sind, also zu verbindlichen Verhaltensregeln geworden sind, spricht man in der Soziologie von Normen:

Def.: Normen sind Verhaltensvorschriften, die in einem bestimmten Rahmen das menschliche Zusammenleben verbindlich regeln (z. B. innerhalb der Familie, des Betriebes, des Krankenhauses).

Bei Nichteinhaltung der Normen, wenn also die Erwartungen von Rollenträgern nicht erfüllt werden, greifen die Bezugspersonen (-gruppen) zu Maßnahmen, die den Inhaber einer sozialen Rolle zwingen sollen, den Erwartungen zu entsprechen. Diese Maßnahmen der Bezugspersonen (-gruppen) bestehen aus positiven Sanktionen (Lob, Beförderung, Geldprämie u. a.) und negativen Sanktionen (Tadel, Mißbilligung, Strafe u.a.).

Def.: Eine Sanktion ist die gesellschaftliche Reaktion sowohl auf normgemäßes als auch auf abweichendes Verhalten.

Aber nicht alle Erwartungen der Bezugspersonen können oder müssen vom Rollenträger erfüllt werden. Dabei ist zwischen Muß-, Soll- und Kann-Erwartungen zu unterscheiden: (6)

a) Muß-Erwartungen sind rechtlich geregelt, z. B. durch Gesetze. Werden sie nicht erfüllt, muß mit harten negativen Sanktionen (z. B. gerichtlicher Bestrafung) gerechnet werden. Die Erfüllung dagegen gilt als selbstverständlich und wird nicht belohnt.
Beispiel: Ärztliche Unfallhilfe (Notfall), bei unterlassener Hilfeleistung erfolgt Anklage.

b) <u>Soll-Erwartungen</u> sind meist in Statuten von Organisationen, Vereinen oder Betrieben festgelegt, z. B. in Form von Satzungen. Sie sollen - das sagt schon der Name - nach Meinung der Bezugspersonen erfüllt werden. Dabei können die Bezugspersonen mit Belohnungen (positiven Sanktionen) locken oder mit Strafen und Tadel (negativen Sanktionen) drohen.
Beispiel: Der Arzt soll über den Stand des wissenschaftlichen Fortschritts seines Faches informiert sein.

c) <u>Kann-Erwartungen</u> sind im Bewußtsein der Menschen vorhanden, ohne rechtlich bzw. schriftlich festgelegt zu sein. Sie sind völlig freiwillige Leistungen der Rollenträger. Die Erfüllung von Kann-Erwartungen wird belohnt, ihre Nichterfüllung aber nicht mit negativen Sanktionen (Tadel, Strafe) belegt.
Beispiel: Eine Krankenschwester kann, muß aber nicht einen Schwerkranken nach dessen Operation mit psychologischen Mitteln wieder aufmuntern.

Neben dieser formalen Einteilung kommt es natürlich in der Wirklichkeit zu einer gewissen Variationsbreite bei den Rollenerwartungen. Mit Variationsbreite ist die Spannweite des Verhaltens bei einer bestimmten Rolle gemeint, bevor Sanktionen einsetzen. Die Stationsschwester kann es sich z. B. kaum leisten, zwei Stunden später zum Nachtdienst zu kommen, während es für den Chefarzt oft üblich ist, daß er erst zwei Stunden nach seinem eigentlichen Dienstbeginn im Krankenhaus eintrifft. (7)

Das Schaubild (VII) faßt noch einmal die unterschiedlichen Ansprüche gegenüber und die verschiedenen Reaktionen auf Muß-, Soll- oder Kann-Erwartungen zusammen.
(siehe S. 48)

Schaubild (VII)

Muß - Soll - Kann - Erwartungen

Muß-Erwartungen	erfüllt	keine positiven Sanktionen, gilt als selbstverständlich
	nicht erfüllt	gerichtliche Strafe
Soll-Erwartungen	erfüllt	Anerkennung, Lob, Belohnung
	nicht erfüllt	Mißbilligung, Tadel, Strafe
Kann-Erwartungen	erfüllt	Dank, Anerkennung
	nicht erfüllt	keine negativen Sanktionen, wird nicht erwartet

1.3. Rollenkonflikt

In einer pluralistischen Gesellschaft umfassen die Erwartungen an den einzelnen ganze Komplexe von Verhaltensvorschriften, die je nach dem Kreis der Bezugspersonen in bestimmten Situationen sich unterscheiden. Diese Kombination der Anforderungen an den Inhaber einer Position oder mehrerer Positionen (Status) wird als Rollensatz bezeichnet.

Jedes Individuum ist Mitglied in verschiedenen sozialen Gruppen und hat damit auch je nach Situation verschiedene Rollen "zu spielen" (vgl. Theatersprache).

So ist jemand z. B.

    Mann, Arzt, Vereinsmitglied,
    Protestant, Städter, Steuer-
    zahler, FDP-Mitglied.

Dabei muß man aber beachten, daß die vorstehenden verschiedenen Rollen qualitativ nicht gleichrangig sind. Den wohl wichtigsten Einfluß auf die Rolle übt die Stellung im Arbeitsprozeß aus. Die Rolle "Arzt" beispielsweise besitzt eine ganz andere Qualität (Bewertung) als die Rolle "Taubenzüchter" in einem Verein.
Bei Nichtbeachtung der qualitativen Unterschiede kann der Eindruck der Gleichwertigkeit entstehen, wenn man die verschiedenen Rollen formal und unterschiedslos nebeneinanderstellt.

Wenn man aber nicht die verschiedenen Rollen eines Individuums betrachtet, sondern sich auf eine Rolle beschränkt, so kann man sehen, daß auch innerhalb einer Rolle verschiedene Verhaltenserwartungen an den Rolleninhaber gerichtet werden. An einen Arzt können z. B. Erwartungen von Seiten der Krankenschwester, des Patienten, des Chefarztes, der Krankenhausverwaltung herangetragen werden. Diese einzelnen Anforderungen betreffen jeweils nur Ausschnitte der Gesamtrolle. So werden die Rollenbeziehungen Arzt/Krankenschwester oder Arzt/Patient als <u>Segmente</u> der Arztrolle bezeichnet, was mit dem folgenden Schaubild (VIII) zum Ausdruck kommen soll:

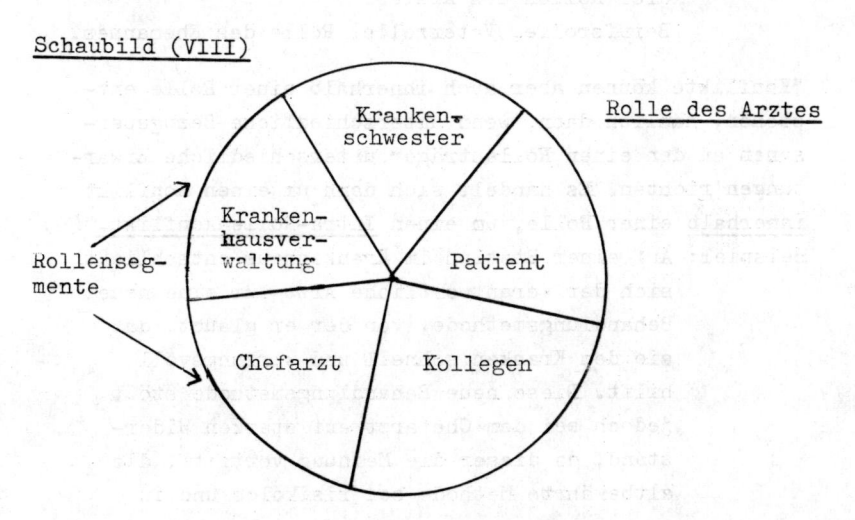

<u>Schaubild (VIII)</u>

Rolle des Arztes

Rollensegmente: Krankenschwester, Krankenhausverwaltung, Patient, Chefarzt, Kollegen

Sehr oft passiert es aber, daß widersprüchliche Erwartungen an einen Rollenträger gerichtet werden. Dadurch entstehen zwangsläufig Konflikte (<u>Rollenkonflikte</u>). Der Rollenträger muß sich dann entscheiden, welchen Erwartungen er nachkommen will oder muß, um negative Sanktionen zu vermeiden.

Konflikte können durch zwei verschiedene Bedingungen entstehen:

a) "Ein Rollenträger ist gezwungen, oder er hat sich freiwillig entschieden, Erwartungen aus mehreren Rollen zu erfüllen." (8) Sind diese Erwartungen miteinander nicht zu vereinbaren, so entsteht ein Konflikt <u>zwischen</u> Rollen, ein <u>Inter-Rollenkonflikt</u>.
   Beispiel: Ein Assistenzarzt hat dauernd Bereitschaftsdienst in einem Krankenhaus. Mit der Zeit fühlt sich seine gesamte Familie vernachlässigt. Seine Frau klagt über die zahlreichen Abende, an denen sie allein zuhause bleiben muß. Seine Kinder beschweren sich, daß er zuwenig Zeit für sie zum Spielen habe. Hier handelt es sich um einen Konflikt zwischen den drei Rollen des Arztes: Berufsrolle, Vaterrolle, Rolle des Ehemannes.

b) "Konflikte können aber auch innerhalb einer Rolle entstehen, nämlich dann, wenn unterschiedliche Bezugspersonen an den einen Rollenträger unterschiedliche Erwartungen richten. Es handelt sich dann um einen Konflikt <u>innerhalb</u> einer Rolle, um einen <u>Intra-Rollenkonflikt</u>."(9)
   Beispiel: Auf einer Station im Krankenhaus entschließt sich der verantwortliche Arzt für eine neue Behandlungsmethode, von der er glaubt, daß sie dem Kranken schnell und wirkungsvoll hilft. Diese neue Behandlungsmethode stößt jedoch bei dem Chefarzt auf starken Widerstand, da dieser die Meinung vertritt, die altbewährte Methode sei risikolos und in

ihren eventuellen Spätfolgen besser beeinfluß-
bar. Hier handelt es sich um einen Konflikt
zwischen den beiden Segmenten der Arztrolle:
Arzt/Patient und Arzt/Chefarzt.

Das nachstehende Schaubild (IX) soll noch einmal Inter- bzw.
Intra-Rollenkonflikt und deren Beziehung zu Rollen bzw. Rol-
lensegmenten veranschaulichen.
(siehe S. 52)

2. Kritik am Rollenbegriff

2.1. Allgemeine Kritik

Die o. a. Begriffsbestimmung von "sozialer Rolle" wird
manchmal mit allzu großer Selbstverständlichkeit aufgenommen und auch angewandt. Ein Grund dafür ist sicherlich, daß
der Begriff "Rolle" Bestandteil der Umgangssprache ist.
Trotzdem sollten aber folgende Kritikpunkte berücksichtigt
werden, die die Verwendung des Rollenbegriffes zumindest
problematisch erscheinen lassen können:

a) die tatsächlichen Machtverhältnisse in einer Gesellschaft
   bleiben unberücksichtigt, solange qualitativ unterschiedliche Rollen als gleichgewichtig nebeneinander gestellt
   werden (vgl. das Beispiel: Arzt und Taubenzüchter).
   Hier kann die Vermutung geäußert werden, daß der Rollenbegriff Ausdruck der Machtverschleierung einer gesellschaftlichen Gruppe ist, welche Interesse daran hat,
   althergebrachte Herrschaftsverhältnisse mit einem anderen
   Namen zu bezeichnen, um damit ihre Geltungsdauer zu ver-
   längern. (10)

b) Die Verbindung von Erwartungen, Normen und Sanktionen
   übt auf den einzelnen Rollenträger einen Druck aus, sich
   so zu verhalten, wie "man" sich eben zu verhalten hat

Schaubild (IX)

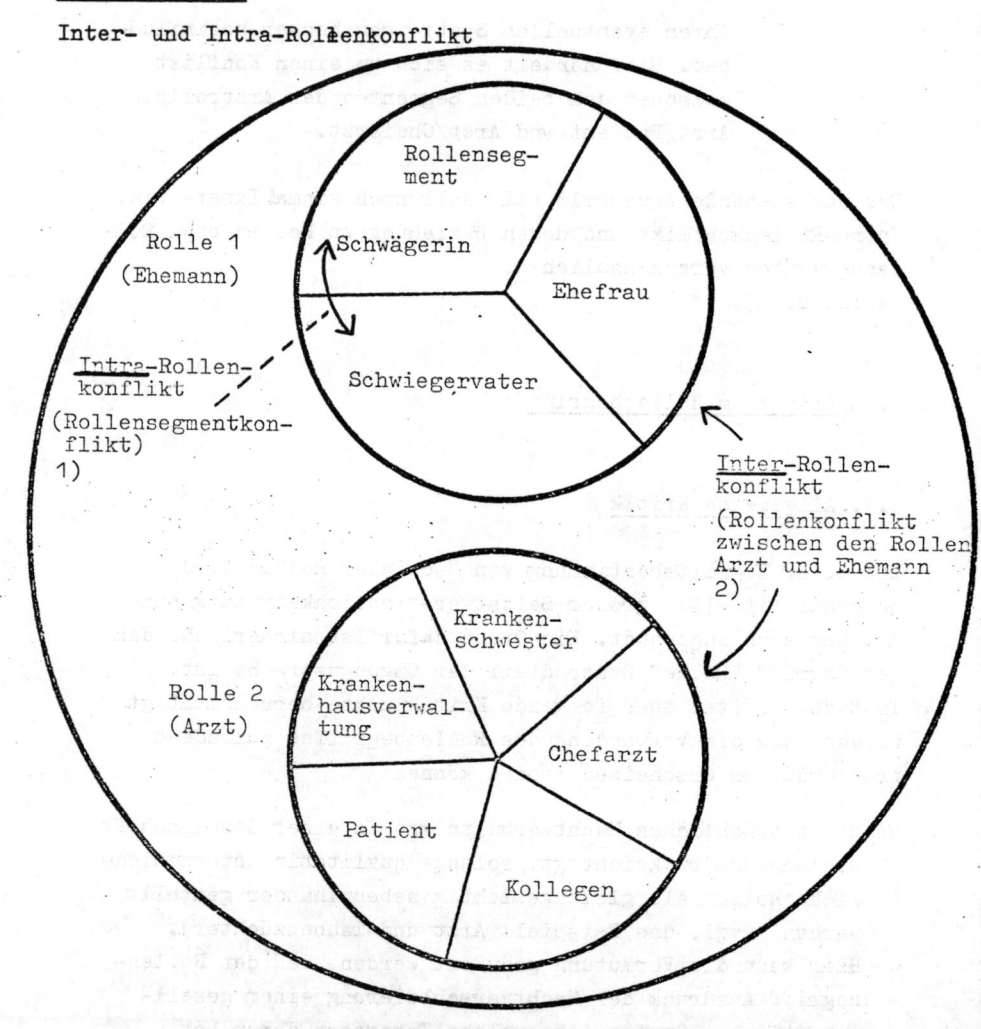

Inter- und Intra-Rollenkonflikt

Rolle 1 (Ehemann)

Rollensegment: Schwägerin, Ehefrau, Schwiegervater

Intra-Rollenkonflikt (Rollensegmentkonflikt) 1)

Inter-Rollenkonflikt (Rollenkonflikt zwischen den Rollen Arzt und Ehemann 2)

Rolle 2 (Arzt): Krankenschwester, Krankenhausverwaltung, Chefarzt, Patient, Kollegen

1) Die Erwartungen der Bezugspersonen in einer Rolle sind unterschiedlich
   (hier: die Erwartungen an den Mann
       a) von Seiten der Schwägerin
       b) von Seiten des Schwiegervaters

2) Die Erwartungen der Bezugspersonen aus zwei oder mehr Rollen sind unterschiedlich
   (hier: die Erwartungen an den Mann
       a) als Ehemann
       b) als Arzt

(Konformitätsdruck). Das Resultat dieses Drucks bedeutet Anpassung an einmal definierte Rollen, wobei jedoch nicht danach gefragt wird, wer bzw. welche soziale Gruppe bzw. Einrichtung eigentlich die Inhalte der jeweiligen Rollen bestimmt. Außerdem verhindert diese Art von Anpassung auch den Wandel einmal bestimmter Rolleninhalte, d. h. es wird erschwert, das gegebene Rollensystem zu verändern und letztlich zu überwinden.

c) Indem die Rollentheorie davon ausgeht, daß das Individuum in verschiedenen Situationen unterschiedliche Rollen zu "spielen" hat, wird der Vergleich zur "Gesellschaft als Theater" deutlich. Die Uneigentlichkeit des Theaters wird auf soziale Zusammenhänge übertragen. Hier wird "der Schein ... als Ersatz für die Wirklichkeit genommen ... Die wirklichen Verhältnisse des Menschen lösen sich scheinbar von ihnen ab, geraten aus dem Blickfeld; wichtig bleiben allein die sichtbaren Auswirkungen dieser Verhältnisse auf die Beziehungen der Menschen... Was in Wirklichkeit der Veränderung bedarf, wird durch die spezifische Betrachtungsweise unzugänglich". (11)

d) Der Rollenbegriff beschreibt die Situation des Menschen in einer Gesellschaft, die ihm entfremdet gegenübersteht. Es kommt zu einer künstlichen Trennung zwischen Individuum und Gesellschaft, d. h. unser Handeln erscheint losgelöst von den es bedingenden gesellschaftlichen Verhältnissen. Besonders die geschichtliche Entwicklung, welche zu der Ausprägung der heutigen Berufsbilder geführt hat, bleibt unberücksichtigt und findet keine dementsprechende Berücksichtigung bei der inhaltlichen Bestimmung der jeweiligen Berufsrolle.

2.2. Kritik an der Krankenrolle

Die vorstehende allgemeine Kritik am Rollenbegriff soll an einer bestimmten Rolle (Krankenrolle) verdeutlicht werden. Soziologisch wird die Rolle des Kranken allgemein wie folgt umschrieben: (12)

- Der Kranke ist für seinen Krankheitszustand nicht verantwortlich.
- Während der Dauer der Krankheit ist der Patient von seinen sonst üblichen Rollenverpflichtungen befreit.
- Das Kranksein ist ein unerwünschter Zustand, deshalb wird der Kranke verpflichtet, den Willen aufzubringen, wieder gesund zu werden.
- Die Verpflichtung, gesund werden zu wollen, beinhaltet für den Kranken als weitere Rollenvorschrift, daß er mit dem Arzt zusammenarbeitet.

Diese Merkmale der Krankenrolle werden jedoch fragwürdig, wenn man an den großen Kreis der psychisch Kranken denkt. Denn in unserer Gesellschaft wird der psychisch Kranke oft für seine Krankheit zur Verantwortung gezogen (das hängt mit der allgemeinen Abwertung psychischer Krankheiten zusammen). Der psychisch Kranke wird eben nicht von seinen sozialen Rollenverpflichtungen befreit, sondern er kann seine Rollenaufgaben deswegen nicht mehr erfüllen, weil er teilweise gewaltsam aus seinem sozialen Umfeld herausgelöst worden ist, wie z. B. durch eine Zwangseinweisung in ein psychiatrisches Krankenhaus oder durch ein Entmündigungsverfahren wegen Geisteskrankheit. (13)

Desweiteren beziehen sich alle Merkmale der Krankenrolle überwiegend nur auf _akute_ Erkrankungen, bei denen der Kranke hoffen kann, durch eigenes Wollen und mit Unterstützung des Arztes wieder gesund zu werden. Dagegen bei _chronischen_ Krankheiten hängt es nicht vom etwa fehlenden

Willen des Kranken ab, wenn er die Krankheit nicht überwinden kann. Hier ist es mehr die Aufgabe des Arztes, wenigstens teilweise die Behinderung des Kranken zu beseitigen, ihn aber ansonsten fähig zu machen, trotz verbliebener Gesundheitsschäden soweit wie möglich funktionstüchtig zu sein. Dieser Gesichtspunkt wird für eine Beurteilung der Krankenrolle vor allem wichtig, weil die chronischen Krankheiten (oft auch "Zivilisationskrankheiten" genannt) besonders in den hochentwickelten Industrieländern zunehmend zu beobachten sind, während andererseits die "alten klassischen" Krankheiten (Infektionskrankheiten) kaum noch eine bedeutende Rolle spielen. (14)

Schließlich ist es Pflicht des Kranken, mit dem Arzt zusammenzuarbeiten bzw. ihn aktiv zu unterstützen, eine Forderung, welche in der Wirklichkeit meistens gar nicht eingehalten werden kann. Die Aufforderung zur Zusammenarbeit scheitert dann auch oft an folgenden Umständen: (15)

- Die "niedrigere" soziale Stellung des Patienten zwingt diesen gegenüber dem Arzt zu einem ausgesprochen passiven Verhalten.

- Die therapeutischen Verhaltensweisen werden dem Kranken in einer unverständlichen Fachsprache aufgezwungen, so daß der Patient über den Sinn der Maßnahmen nicht entscheiden kann. Durch die Macht- und Sachautorität des Arztes sinkt der Patient "auf eine Stufe sprachloser Unmündigkeit".

- Der Patient befindet sich zudem in einer großen Abhängigkeit durch seine Bindung "an den schmalen Ort seines Bettes sowie den Aufenthalt im Bademantel auch dann, wenn die Behandlung keine Bettruhe erfordert."

3. Anhang: Begriffsbestimmungen

Da in diesem Kapitel sehr viele Fachausdrücke aus der Rollentheorie eingeführt und erklärt worden sind, halten wir es für sinnvoll, diese Begriffsbestimmungen in einer zusammenfassenden Übersicht nochmals aufzuführen. (16)

soziale Position	Ort in einem Gefüge sozialer Beziehungen ("Platz", den jemand unter den Mitgliedern eines sozialen Gebildes einnimmt)
sozialer Status	Stellung des Individuums in einem gegebenen Netz von sozialen Beziehungen (soziale Stellung; Rang, in den Individuen oder Gruppen von Individuen innerhalb der differenzierten Struktur einer Gesellschaft eingeordnet werden: bewertete Position)
soziale Normen	"Regeln", die das Verhalten in einem gegebenen Kreis tatsächlich bestimmen und über die jeweils ein Einverständnis in diesem Kreis besteht, das mehr oder weniger ausdrücklich sein kann (Inhalt des sozialen Bewußtseins)
Erwartungen	normative Aussagen hinsichtlich des Verhaltens und der Attribute eines Rollenträgers
Sanktionen	gesellschaftliche und rechtliche Zwänge, die als Mittel eingesetzt werden, um gesellschaftliche Normen durchzusetzen (das auf die Realisierung von Erwartungen gerichtete Verhalten anderer)
Muß-Erwartungen	rechtlich geregelte Erwartungen, die ausdrücklich formuliert sind und deren Verbindlichkeit nahezu absolut ist
Soll-Erwartungen	Erwartungen, die z. B. in Statuten von Organisationen und Betrieben niedergelegt sind und deren Verbindlichkeit auch noch sehr stark ist
Kann-Erwartungen	Erwartungen, die zwar nicht schriftlich festgelegt, die aber im Bewußtsein der Menschen wirklich sind
zugeschriebene Rolle	Rolle, die dem einzelnen ohne sein Zutun zufällt (z. B. Alter, Geschlecht)

erworbene Rolle	Rolle, die durch Leistung erreicht wurde (z. B. Berufsrolle: Arzt)
soziale Rolle	Gesamt der Erwartungen, die sich an das Verhalten der Träger von Positionen knüpfen und die durch Sanktionen gesichert werden (dynamischer Aspekt der Position: Verwirklichung der Rechte und Pflichten, die sich für ein Individuum aus dessen Position ergeben)
Rollensegment	Erwartungen nur einer bestimmten Bezugsgruppe bzw. Bezugsperson (Ausschnitt aus der Gesamtrolle)
Rollensatz	Gesamt der Rollen eines Individuums zu einem bestimmten Zeitpunkt
Rollenkonflikt	einander widersprechende Erwartungen, die der Rollenträger als unvereinbar erlebt
Intra-Rollenkonflikt	Konflikt innerhalb einer Rolle (die Erwartungen der verschiedenen Bezugsgruppen oder -personen sind unvereinbar)
Inter-Rollenkonflikt	Konflikt zwischen verschiedenen Rollen einer Person (die Erwartungen aus verschiedenen Positionen, die ein Rollenträger wahrnimmt, sind nicht vereinbar)
Macht	Chance, innerhalb einer sozialen Beziehung den eigenen Willen auch gegen Widerstreben durchzusetzen, gleichviel, worauf diese Chance beruht

Anmerkungen

1) vgl. Dahrendorf, 1958, S. 32
2) vgl. Newcomb in Zoll / Binder, S. 50
3) Fisch, S. 23
4) a.a.O.
5) a.a.O.
6) vgl. Düsseldorfer Verein (a)
7) vgl. Medizinische Soziologie, S. 17
8) Düsseldorfer Verein (b)
9) a.a.O.
10) vgl. Claessens, 1968, S. 59 ff
11) Haug, S. 24
12) vgl. Parsons (1958), S. 16 ff
13) vgl. Geissler u. a., S. 260
14) vgl. a.a.O., S. 259 f
15) vgl. a.a.O., S. 260 f
16) Die hier aufgeführten Definitionen lehnen sich an die von Sader (S. 226 f) an, entsprechen jedoch weitgehend den Bestimmungen, die auch im Text verwendet wurden.

Literatur zur Einarbeitung

Claessens, D., Rolle und Macht, München 1968
Dahrendorf, R., Homo sociologicus, Köln und Opladen 1958 (8/1969)
Dreitzel, H.-P., Die gesellschaftlichen Leiden und das Leiden an der Gesellschaft, Stuttgart 1968
Gerhardt, U., Rollenanalyse als kritische Soziologie, Neuwied und Berlin 1971

Sozialisation

1. Allgemeine Sozialisation

1.1. Biologische und soziale Voraussetzungen

"Als Neugeborenes ist das Kind noch kein Mensch, sondern die Möglichkeit des Menschen." (1) Diese Aussage meint, daß der Mensch bei seiner Geburt noch nicht so festgelegt ist wie das Tier, das z. B. durch Instinkte seiner artspezifischen Gattung eingeengt wird. Demgegenüber spricht man vom Menschen als dem "weltoffenen" Wesen, das erst in der Auseinandersetzung mit der sozialen Umwelt seine vorhandenen (angeborenen) Möglichkeiten zur Entfaltung bringt. Insofern ist der Mensch stärker als das Tier auf die Anregungen seiner Umwelt angewiesen, die je nach Kulturausprägung die ursprüngliche "Formbarkeit" (Plastizität) für die Anforderungen der Gesellschaft in eine ganz bestimmte Richtung lenken. Wie unterschiedlich diese Ausprägungen inhaltlich sein können, haben Forscher bei einigen Südseevölkern nachgewiesen. So haben sie z. B. einen Volksstamm beschrieben, bei dem im Gegensatz zu unserer Kultur die Frau eine Vorrangstellung besitzt und den Unterhalt der Familie zu sichern hat. Der Mann, von der Frau gelenkt und gefühlsmäßig von ihr abhängig, lebt scheu, kokett und zanksüchtig in erster Linie für die Kunst. (2) Dieses Beispiel zeigt, daß selbst die Eigenart der Geschlechter, die gewöhnlich als "natürlich" angesehen wird, weitgehend durch gesellschaftliche bzw. kulturelle Einflüsse geformt ist. Allgemein geht man also davon aus, daß jedes Individuum durch Erbanlagen (wie z. B. Geschlecht, Konstitution, Fähigkeit zum Spracherwerb) und sogenannte menschliche Grundbedürfnisse geprägt ist. Zu den Grundbedürfnissen gehören erstens Triebe wie Hunger, Sexualität und Schlaf und zweitens Motive wie das

Streben nach Anerkennung und Zuwendung. (3) Im Rahmen der Sozialisation werden diese vorhandenen Merkmale durch die Übernahme sozio-kultureller Elemente (Sprache, Normen) dahingehend überformt, daß eine relativ beständige Organisation von Motiven, Denk- und Verhaltensweisen des Individuums entsteht: seine sozio-kulturelle Persönlichkeit. Diese ist das Ergebnis einer "Wechselwirkung zwischen individueller Anlage und sozialer Umwelt". (4)

An dieser Stelle muß auf das Anlage-Umwelt-Problem hingewiesen werden. Es geht um den uralten Streit, ob das Ererbte oder das Erworbene für den Menschen ausschlaggebend ist. Da die Anteile von Anlage- bzw. Umweltfaktoren für die menschliche Entwicklung wissenschaftlich heute noch nicht exakt zu bestimmen sind, betont man immer stärker den Umwelteinfluß. Denn nur dieser ist einer Anreicherung und Beeinflussung zugänglich. Außerdem wird erst durch Anregung aus der Umwelt das erbbedingte "Begabungspotential" eines Menschen in Fähigkeiten und Fertigkeiten umgesetzt. Besonders wichtig für die Wirksamkeit der Entwicklungsanreize sind die frühen Lernerfahrungen; denn schon in der frühen Kindheit sollte das Lernen des Lernens vermittelt werden, weil hier am besten jene Fähigkeiten erworben werden können, auf denen das spätere Lernen aufbaut. Insoweit spricht man von einer "kumulativen Wirkung" der ersten Lernanregungen. (5)

Die bisherigen Ausführungen können zusammenfassend und ergänzend in dem Schaubild (X) dargestellt werden, das die Sozialisation als einen Entwicklungsprozeß des Menschen vom Säugling bis zum Erwachsenen zeigt.
(siehe S. 61)

Schaubild (X)

MODELL ZUR SOZIALISATION
ALS ENTWICKLUNGSPROZESS DES INDIVIDUUMS

Säugling

ohne Sprache
ohne Werte
ohne feste Verhaltensweisen

hilflos
schutzbedürftig
auf Umwelt angewiesen
lernfähig

<u>lernt:</u>

von Geburt an über seine Umwelt (Gruppe)

1. Familie (Mutter, Vater, Geschwister usw.)
2. Kindergarten
3. Freunde (peer-group)

<u>lernt:</u>

in einer bestimmten Gesellschaft mit besonderen Werten und Normen

auf einem erreichten Stand der Entwicklung dieser Gesellschaft (wirtschaftlich, politisch, mit bestimmten Machtstrukturen)

↓

Sozialisationsprozeß

a) durch Strafe und Belohnung
b) durch Reaktion auf Reize
c) durch Einsicht (Versuch und Irrtum)
d) durch Nachahmung
e) durch Identifikation

a) verinnerlicht geltende Wert- und Normensysteme
b) erwirbt Fähigkeiten und Fertigkeiten
c) kann eigene Handlungen und Erwartungen auf andere beziehen

<u>wichtig:</u> soziale Wechselbeziehungen

<u>wichtig:</u> Anpassung und Fähigkeit zur Veränderung und Durchsetzung

↓

Erwachsener

mit Sprache
mit bestimmten Werten
mit festen Verhaltensmustern

selbständig
kann Schutz geben
von Umwelt unabhängiger
lernfähig

1.2. Begriffsbestimmung

Der Begriff der Sozialisation ist ähnlich dem der Rolle nur mit Einschränkung zu gebrauchen, da es bisher keine durchgängige Theorie der Sozialisation gibt. So wird der Begriff als Sammelbezeichnung benutzt für Überlegungen zu diesem Thema aus der Anthropologie, Psychologie (Lern- und Entwicklungspsychologie), Psychoanalyse, Sozialpsychologie, Soziologie und Pädagogik. Ebenso zahlreich wie die beteiligten Wissenschaften sind auch die Begriffsbestimmungen zur Sozialisation. Wenn man versucht, die gemeinsamen Merkmale der verschiedenen Definitionen herauszufiltern, so könnte man Sozialisation bezeichnen als

Def.: "in formaler Hinsicht die Reduzierung des Spielraums möglicher Verhaltensweisen eines Menschen, welche

- inhaltlich bestimmt ist durch die Übernahme kulturspezifischer Normen und Werte, die
- im Verlaufe eines Lernprozesses eingeübt und
- durch soziale Interaktion übermittelt werden." (6)

Diese vorstehende sehr abstrakt gehaltene Begriffsbestimmung von Sozialisation soll ergänzt werden durch einige andere Definitionen, wobei jedoch betont werden muß, daß mit den jeweiligen Begriffsbestimmungen ganz bestimmte Vorstellungen über das Hineinwachsen in die Gesellschaft verbunden sind.

Der Aspekt "Sozialisation als Anpassung" an die bestehende Gesellschaft wird deutlich, wenn man Sozialisation versteht als den "Prozeß, durch welchen vor allem den Kindern und Jugendlichen die in einer Gesellschaft herrschenden Werte, Normen und Techniken des Lebens vermittelt und verbindlich gemacht werden". (7) Die Eingliederung des einzelnen geschieht über soziale Gruppen, wobei die Familie als die erste und wichtigste "Sozialisationsagentur" angesehen wird.

Das Ziel einer derartig verstandenen Sozialisation ist es, "den einzelnen im Rahmen der kulturellen, sozialen und materiellen Bedingungen seiner eigenen Gesellschaft lebens- und funktionstüchtig zu machen". (8)

Neben dem Gesichtspunkt des Einfügens in die Gesellschaft kann Sozialisation auch einen gewissen Schutz (Immunisierung) gegenüber einer Gesellschaft bedeuten, wenn diese den einzelnen zwingen will, in starren Mustern zu denken und "Stereotypen" zu folgen, anstatt sein Verhalten nach kritischer Einsicht auszurichten. (9)

Und schließlich bedeutet Sozialisation nicht nur Reaktion auf Ansprüche von Seiten der Gesellschaft, sondern enthält ebenso auch die Ansprüche des einzelnen an die Gesellschaft. In diesem Sinne versteht man unter Sozialisation zweierlei: "... einmal die Befähigung des Einzelnen zur Auseinandersetzung mit den Anforderungen und Chancen der umgebenden Gesellschaft... zweitens die Befähigung des Einzelnen zur Durchsetzung individueller Interessen, d. h. die Befähigung, selbstentscheidend Ziele anzustreben und selbstverantwortlich zu verwirklichen". (10)

1.3. Primäre und sekundäre Sozialisation

Der Prozeß der Sozialisation beginnt unmittelbar nach der Geburt und dauert das ganze Leben. Er wird gewöhnlich in eine primäre und eine sekundäre Phase eingeteilt.

a) primäre Sozialisation

   Diese Phase wird überwiegend in der Familie durchlebt. Das Kind erfährt in dieser Zeit die Anforderungen und Erwartungen der unterschiedlichen Familienmitglieder (Vater, Mutter, Bruder, Schwester) und entwickelt die Fähigkeit, seine eigene Rolle als Kind, Bruder oder Schwester entsprechend den geltenden Erfordernissen zu erfüllen. Es lernt das zu tun, was von ihm verlangt wird. Voraussetzung dafür, daß das Kind nach den in der Familie gültigen Normen handeln kann, ist, daß es die zur **Verständigung** nötigen Symbole (Sprache) erlernt. Damit kann es u. a. seine Umwelterfahrung ordnen und bestimmte sozial geprägte Muster von Verhaltensweisen als solche erkennen und entsprechend handeln. Am Ende der primären Sozialisationsphase hat das Kind die in der Familie geltenden Werte und Normen soweit verinnerlicht, daß es jetzt diese auch außerhalb der Familie zu befolgen bereit ist. (11)

b) <u>sekundäre Sozialisation</u>

Die sekundäre Sozialisation baut auf der primären auf. Hier lernt das Kind neue Rollen hinzu, z. B. im Kindergarten, in der Schule, in der Lehre. Bei dieser Phase muß man berücksichtigen, daß die Primärsozialisation schon stattgefunden hat. Das bedeutet, daß die sekundäre Sozialisation die primäre nicht grundsätzlich umformen, sondern diese lediglich teilweise verändern kann. Alle neuen Inhalte und Fähigkeiten müssen irgendwie bezogen werden können auf die bisherigen sozialen Erfahrungen, sie müssen auf der "erlebten sozialen Wirklichkeit" aufbauen. (12) So hat man nachgewiesen, daß die **grundlegende** psychische Persönlichkeitsausrichtung **bereits** in der zweiten Hälfte des ersten Lebensjahres erfolgt.

Das folgende Schaubild (XI) veranschaulicht den Prozeß der Sozialisation mit seiner primären und sekundären Phase. (siehe S. 65)

Schaubild (**XI**)
MODELL ZUR DARSTELLUNG PRIMÄRER UND SEKUNDÄRER SOZIALISATION

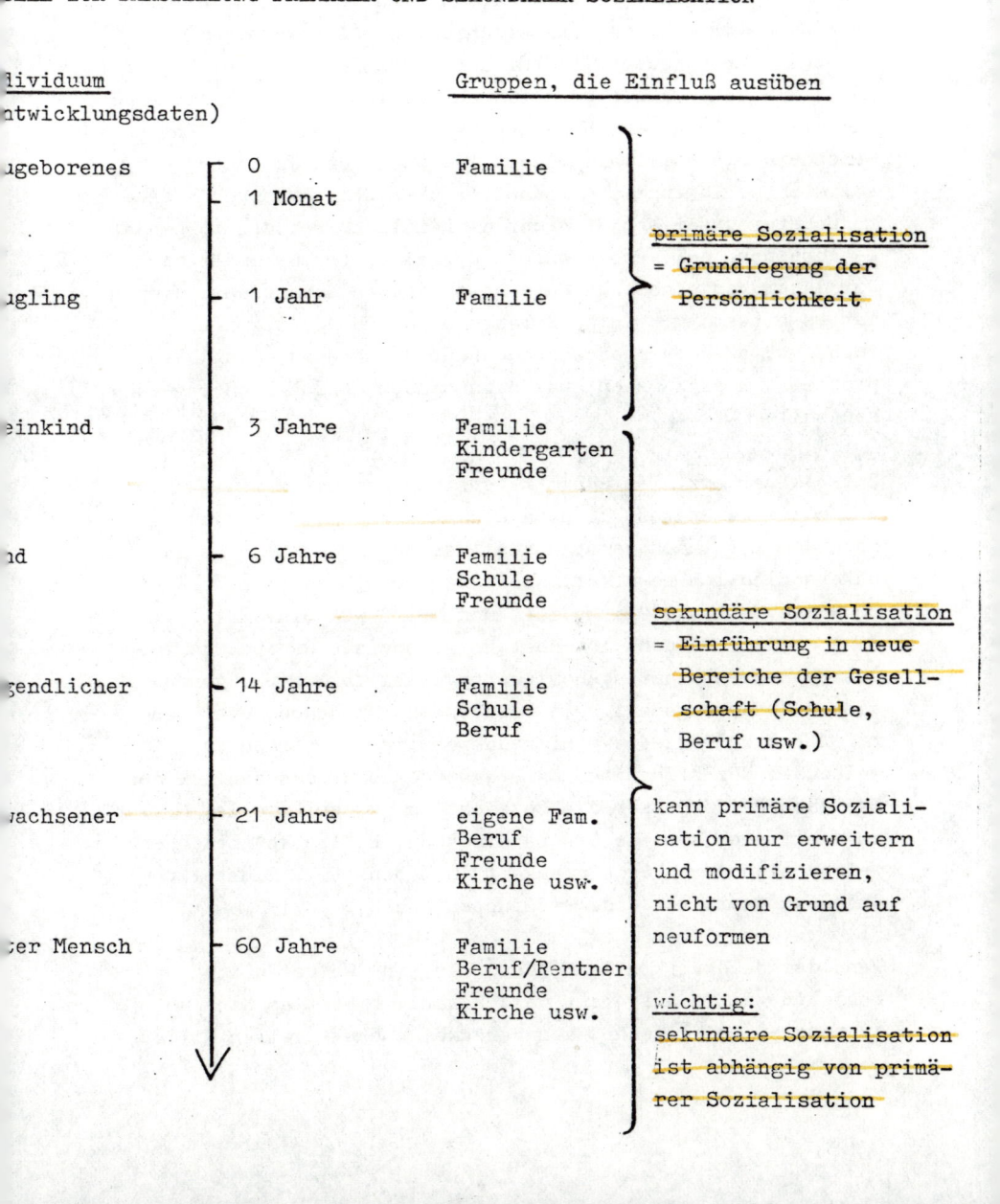

Individuum (Entwicklungsdaten)		Gruppen, die Einfluß ausüben	
Neugeborenes	0 / 1 Monat	Familie	
Säugling	1 Jahr	Familie	primäre Sozialisation = Grundlegung der Persönlichkeit
Kleinkind	3 Jahre	Familie, Kindergarten, Freunde	
Kind	6 Jahre	Familie, Schule, Freunde	
Jugendlicher	14 Jahre	Familie, Schule, Beruf	sekundäre Sozialisation = Einführung in neue Bereiche der Gesellschaft (Schule, Beruf usw.)
Erwachsener	21 Jahre	eigene Fam., Beruf, Freunde, Kirche usw.	kann primäre Sozialisation nur erweitern und modifizieren, nicht von Grund auf neuformen
älterer Mensch	60 Jahre	Familie, Beruf/Rentner, Freunde, Kirche usw.	wichtig: sekundäre Sozialisation ist abhängig von primärer Sozialisation

2. Schichtenspezifische Sozialisation

Aus dem bisher Gesagten geht hervor, daß die soziale Umwelt eine stark prägende Wirkung auf das Individuum hat. Weiter oben sind wir schon auf unterschiedliche Ausprägungen zwischen verschiedenen Kulturen eingegangen, man weiß jedoch, daß die soziale Umwelt auch innerhalb einer Kultur (Gesellschaft) unterschiedlich beschaffen sein kann. Insbesondere die familiale Umwelt ist wegen der Tatsache der sozialen Schichtung (vgl. Kapitel über "Schichten und Klassen") in unserer Gesellschaft nicht einheitlich. Bei der folgenden Beschreibung der verschiedenen Sozialisationsmerkmale gehen wir daher von einem schichtenspezifischen Ansatz aus. Hierzu ist es notwendig, einige Erläuterungen zu dem Begriff "Schicht" zu geben, ohne jedoch auf die gesamte Schichtenproblematik einzugehen, was dann später ausführlicher geschehen soll.

Unter einer sozialen Schicht versteht man die Verteilung von sozialem Status, d. h. die Berufspositionen werden nach dem mit ihnen verbundenen Ansehen in der Gesellschaft unterschiedlich bewertet. Neben der Berufsposition spielen noch die Merkmale "Einkommen" und "Bildung" eine Rolle. Eine soziale Schicht ist aber keine soziale Gruppe, da ihr das typische Zusammengehörigkeitsgefühl fehlt. Und genau dieses Zusammengehörigkeitsbewußtsein ist jedoch ein wichtiger Faktor für eine schichtenspezifische Betrachtungsweise der Sozialisation. Man verwendet hier deshalb für den Schichtbegriff besser die Bezeichnung "subkulturelles Milieu", um damit eine soziale Gruppe als "Schicht" zu kennzeichnen, welche sich durch Gemeinsamkeit in Lebensstil, Einstellung und Bewußtsein von anderen Gruppen abhebt.

Wenn das "subkulturelle Milieu" als eine Weiterführung des Schichtbegriffs aufgefaßt werden kann, bietet es sich an, in unserer Gesellschaft von nur zwei subkulturellen Milieus

auszugehen, dem der Unterschicht und dem der Mittelschicht.
Zur Unterschicht werden dann vergröbernd alle diejenigen
gerechnet, die vorwiegend körperlich arbeiten, hier allgemein als Arbeiter bezeichnet. Zur Mittelschicht zählen
danach alle geistig Arbeitenden, hier vereinfachend oft
Angestellte genannt, obwohl auch kleinere und mittlere
Beamte dazugehören. Die Oberschicht (leitende Angestellte
und Beamte, sowie sonstige Eliten) wird hier aus Gründen
der Übersichtlichkeit von der Betrachtung ausgeklammert.
Diese völlige Gegenüberstellung der beiden Schichten ist
nur _idealtypisch_ zu verstehen, weil sie Einzelheiten und
Nuancen vernachlässigt und stattdessen die allgemeinen
Tendenzen in der Beschreibung von Unterschicht und Mittelschicht hervorhebt.

Für die Darstellung schichtenspezifischer Ausprägungen der
Sozialisation in der Familie scheint es uns sinnvoll, die
einzelnen beeinflussenden Merkmale getrennt aufzuführen.
Dabei gehen wir von folgendem Modell aus (Schaubild (XII)):
(siehe S. 68)

Dieses Modell beschreibt - ausgehend von der Stellung im
Produktionsprozeß - die Abhängigkeit der Familienstruktur
und damit auch der Wertorientierungen von der Arbeitssituation des Vaters bzw. der Eltern. Über die Erziehung (Sozialisationsprozeß) wirkt dann das Sozialisationsmilieu auf
die Persönlichkeitsstruktr des Kindes.

2.1. Sozialisationsmilieu

Das wichtigste Merkmale für das Sozialisationsmilieu ist die
Arbeitssituation , von der - wie bereits erwähnt - die Form
der Familienstruktur und die Wertorientierungen abhängen.
Im folgenden soll auf die Verschiedenartigkeit dieser
Bereiche bei der Unterschicht bzw. Mittelschicht eingegangen werden.

Schaubild (XII)

Modell: Schichtenspezifische Sozialisation

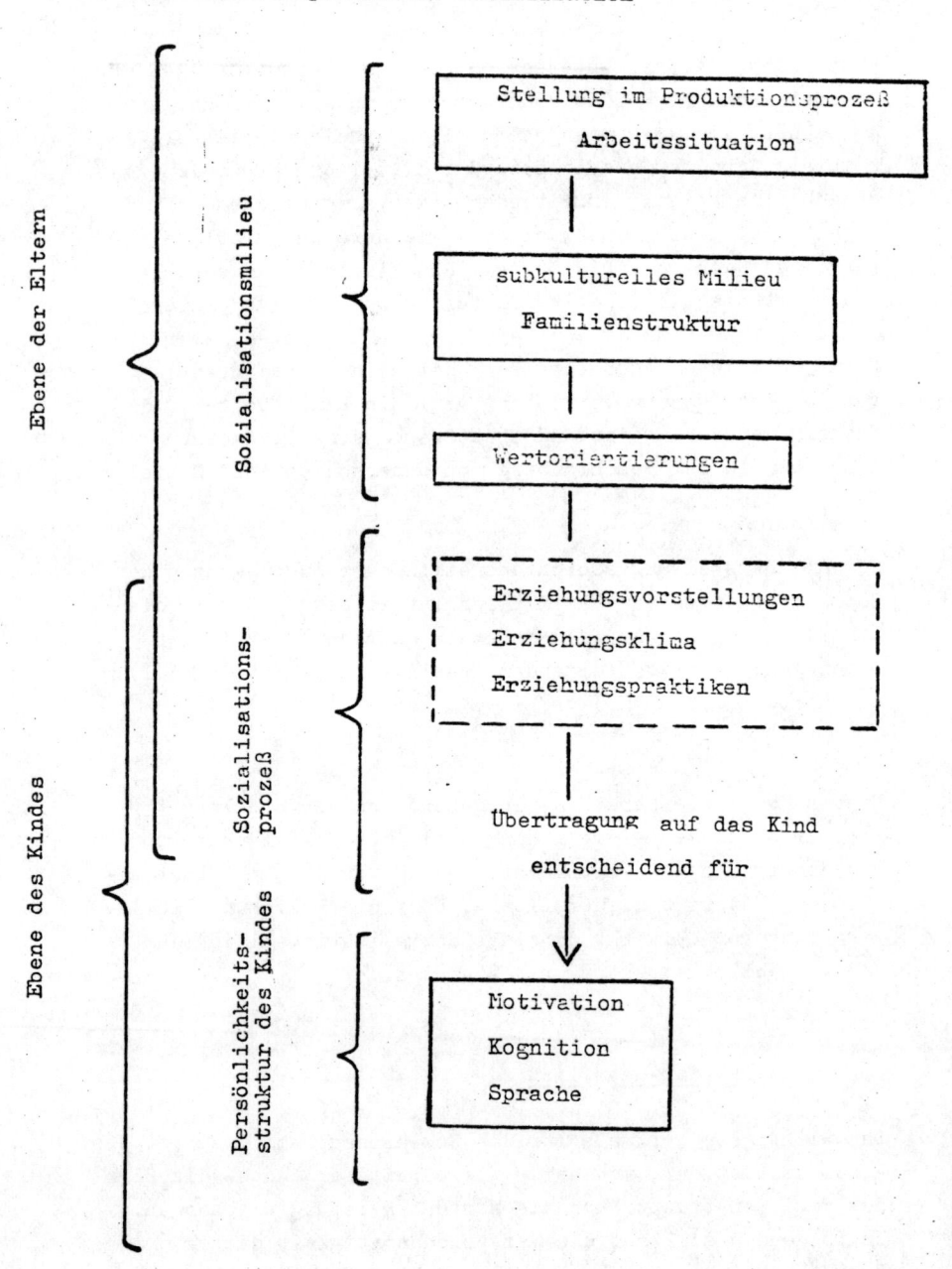

Ebene der Eltern
- Sozialisationsmilieu
  - Stellung im Produktionsprozeß / Arbeitssituation
  - subkulturelles Milieu / Familienstruktur
  - Wertorientierungen

Ebene des Kindes
- Sozialisationsprozeß
  - Erziehungsvorstellungen
  - Erziehungsklima
  - Erziehungspraktiken

    Übertragung auf das Kind
    entscheidend für

- Persönlichkeitsstruktur des Kindes
  - Motivation
  - Kognition
  - Sprache

2.1.1. Unterschicht

a) Arbeitssituation

Die Stellung der Arbeiter im Produktionsprozeß wird dadurch bestimmt, daß sie mit vorwiegend körperlicher Arbeit an der Herstellung von Gütern beteiligt sind. Dabei geht ausgesprochen schwere Arbeit zunehmend auf Maschinen über. Trotzdem bleibt für die Arbeiter die physische und nervliche Belastung, da - z. B. bei Fließbandarbeit - eine Konzentration auf einen winzigen Ausschnitt des gesamten Arbeitsvollzugs gefordert wird. Die Arbeiter sind dabei fest in den Arbeitsrhythmus, der von den Maschinen vorgegeben ist, eingespannt. Es bleibt ihnen kein Spielraum für mögliche Entscheidungsalternativen. Außerdem wird der Überblick über den gesamten Arbeitsprozeß durch die bis ins einzelne gehende Arbeitsteilung erschwert. Somit ist der Horizont möglicher Erfahrungen während der Arbeit begrenzt. Und auch außerhalb der Arbeit wird eine Einsicht in komplexe gesellschaftliche Zusammenhänge kaum möglich sein, zumal der meist geringe Ausbildungsstand der Arbeiter dies schwierig macht. Aufstiegschancen fehlen fast ganz. Im Gegenteil, mit fortschreitendem Alter sind Lohneinbußen an der Tagesordnung, wenn wegen der nachlassenden Leistungsfähigkeit der früher erreichte Akkordlohn auf einen festen Stundenlohn absinkt. Das erschwert selbstverständlich eine längerfristige Planung. (13)

b) Familienstruktur

Die oben beschriebene Situation wirkt sich natürlich auch auf das Milieu der Familie bzw. auf die Familienstruktur aus. So kommt es aufgrund der fehlenden Selbstverwirklichung am Arbeitsplatz zu zahlreichen Spannungen und Konflikten innerhalb der Familie, wenn diese als "Blitzableiter" für die Schwierigkeiten am Arbeitsplatz herhalten muß. Die Unterordnung bei der Arbeit wird

meistens durch ein betont autoritäres Verhalten in der
Familie ausgeglichen. Die strenge Arbeitsteilung im Betrieb
überträgt sich in eine starre Aufgabentrennung zwischen den
Geschlechtern, wobei der Vater für die Sicherung des Lebensunterhaltes, die Mutter für Haushaltsführung und Kindererziehung zuständig ist. Da der Beruf des Unterschichtvaters
mit geringem Ansehen ausgestattet ist, ist seine Stellung
relativ schwach, obwohl er nach außen hin seine Vorherrschaft zeigen will. Aber in Wirklichkeit nimmt die Mutter in
der Familie den zentralen Platz ein, sie ist bestimmend. Die
Folge ist, daß der private Bereich als wichtigstes Gebiet
der Mutter in der Unterschicht stark hervorgehoben wird.
Die Kontakte, die auf Verwandte und engste Nachbarschaft
beschränkt bleiben, verstärken diese Tendenz eines sog.
"Familismus".

c) Wertorientierung

Auch die Wertorientierungen muß man im Zusammenhang mit
der Arbeitssituation sehen, da die Mitglieder verschiedener Berufe die Welt verschieden sehen bzw. erleben. Sie
leben in unterschiedlichen Umständen und entwickeln verschiedene Entwürfe der sozialen Realität bzw. des Wün-
schenswerten.

Die mangelnde Möglichkeit für die Unterschicht, die Arbeitsbedingungen individuell zu gestalten, läßt ihre Eigeninitiative verkümmern und erklärt die vorherrschende Passivität
in den Wertorientierungen. Auch das Leistungsstreben ist
nur schwach ausgeprägt, weil Aufstiegschancen im Beruf kaum
vorhanden sind. Man glaubt nicht daran, durch individuelle
Anstrengung die eigene Situation verbessern zu können. Eine
langfristige Planung für die Zukunft ist für die Unterschicht wenig erstrebenswert, da aufgrund der finanziellen
Situation (Sparmöglichkeit) ein Aufschieben ihrer Bedürfnisse sich nicht lohnt. Insgesamt orientieren sich die
Werte der Unterschicht an einer Anpassung gegenüber äußeren

Vorschriften, an einer äußeren Kontrolle. Als wünschenswerte Eigenschaften erscheinen dann "Gehorsam", "Sauberkeit", "Ordentlichkeit", "gute Manieren".

2.1.2. Mittelschicht

a) Arbeitssituation

Die Stellung der Angestellten im Produktionsprozeß wird dadurch bestimmt, daß sie mit vorwiegend geistiger Arbeit die Vorbereitung, Durchführung und Verwertung der Produktion überwachen. In anderen Wirtschaftszweigen verwalten sie zusammen mit Beamten in ähnlicher Weise Dienstleistungen. Allgemein haben Angestellte mehr mit Symbolen (Schreib- und Rechentätigkeit), mit Ideen (Planungs- und Entscheidungstätigkeit) oder mit Personen (Führen von Verhandlungen) zu tun. Dadurch ist ihnen ein größerer Spielraum für eine Einflußnahme auf Bedingungen und Ablauf ihrer Arbeit möglich. Ebenso können sie sich eher einen Überblick über die Einordnung ihrer Tätigkeit in den Gesamtzusammenhang der Arbeit verschaffen. Das aber ist eine gute Voraussetzung dafür, daß ihnen auch im gesellschaftlichen Bereich die Einsicht in komplexe Zusammenhänge gelingt, zumal sie einen mittleren bis höheren Ausbildungsstand aufweisen.

Ein wichtiger Unterschied zu den Arbeitern ergibt sich bei den Angestellten durch ihre relativ größere Nähe zu den Inhabern der Macht. Sie werden sich also eher mit diesen vergleichen wollen und einen Aufstieg anstreben. Das steigende Gehalt mit zunehmendem Lebensalter wirkt in die gleiche Richtung und erlaubt zugleich besser eine längerfristige Planung. (14)

b) Familienstruktur

Auch bei der Familie der Mittelschicht ist deutlich der Einfluß der Arbeitssituation spürbar. Es müssen weniger

Spannungen und Aggressionen in der Familie ausgeglichen werden. Die berufliche Höherstellung des Mittelschichtvaters erlaubt auch zuhause eher partnerschaftliche Beziehungen, was sich besonders auf die Geschlechterrollen auswirkt, die hier weniger starr gehandhabt werden. Die größere Verschiedenartigkeit im beruflichen Erfahrungsbereich bewirkt, daß auch die Kontakte im außerbetrieblichen Bereich vielfältiger sind, d. h. man unterhält weit über den engen Kreis der Familie und Verwandtschaft hinaus Beziehungen zu Freunden und Bekannten. Diese Öffnung nach "draußen" läßt allgemein die Mittelschicht mehr am öffentlichen Leben teilnehmen als die Unterschicht (vgl. z. B. die Bürgerinitiativen).

c) Wertorientierung

Die Arbeitssituation der Mittelschicht erklärt ihr Interesse an individueller Leistung. Man sieht den persönlichen Einsatz als verantwortlich für einen möglichen Aufstieg an. Dafür ist man auch bereit, ein augenblickliches Bedürfnis zurückzustellen, um es später um so besser befriedigen zu können. Im Gegensatz zur Unterschicht lohnt sich für die Mittelschicht eine längerfristige Planung, um entweder einen bereits erreichten Lebensstil zu halten oder einen neu gesetzten anzustreben (vgl. z. B. Kauf eines Einfamilienhauses). Allgemein sind die Wertorientierungen der Mittelschicht auf Selbstbestimmung (innere Kontrolle) ausgerichtet. Merkmale wie "Selbstbeherrschung", "Selbstbewußtsein", "überlegtes und selbständiges Handeln" haben einen hohen Stellenwert.

Die unterschiedlichen Wertorientierungen von Unterschicht bzw. Mittelschicht sind in dem Schaubild (XIII) zusammenfassend gegenübergestellt.
(siehe S. 73)

Schaubild (XIII)

Verhaltenstendenzen	Wertorientierung	
	US	MS
Aufstiegsstreben	niedriges Aufstiegsbedürfnis	hohes Aufstiegsbedürfnis
Leistungsmotivation	niedrige Leistungsmotivation	hohe Leistungsmotivation
Eigeninitiative	Passivität (nicht entwickelt)	Aktivität
Zukunftsgerichtetes Planen	Gegenwartsorientierung	Zukunftsorientierung
Bedürfnisbefriedigung	Muster sofortiger Bedürfnisbefriedigung	Muster aufgeschobener Bedürfnisbefriedigung
Bindungen an Familie	Familismus (Kollektivismus - enge Bindungen)	Individualismus (lockere Bindungen)
Teilnahme am öffentlichen Leben	Privatheit	Öffentlichkeit

Als Kritik ist jedoch anzumerken, daß die Mittelschicht ganz andere Möglichkeiten hat, ihre Werte zu verwirklichen. Denn die herrschenden Werte in unserer Gesellschaft (z. B. Leistung, Individualität) sind die Werte der Mittelschicht und nicht die der Unterschicht. Der Unterschicht bleibt daher nichts anderes übrig, als eine äußerliche und möglichst buchstabengetreue Anpassung an die Werte der Mittelschicht. Da die Unterschicht aber größere Schwierigkeiten hat, diese Werte zu realisieren, kommt es zu folgender Benachteiligung: Die durch Wertorientierungen gesteuerten Verhaltensweisen werden nur dann als positiv angesehen, wenn sie den herrschenden Mittelschichtsnormen entsprechen. Außerdem wird die Erfüllung dieser als positiv bezeichneten Erwartungen vorausgesetzt, um bestimmte erstrebenswerte Positionen zu erhalten. Entsprechen die Verhaltensweisen nicht den geforderten Vorstellungen, so hat das den Ausschluß von gesellschaftlich als wertvoll erachteten Positionen zur Folge, weil - so lautet die Begründung - die notwendigen Fähigkeiten angeblich nicht vorhanden sind. So sind z. B. individuelle Leistung und Aufstiegsstreben und Zukunftsplanung und Bedürfnisaufschub die Voraussetzungen für das Abitur. Das Abitur seinerseits ist die Voraussetzung für ein Studium bzw. für akademische Berufe.

2.2. Sozialisationsprozeß

Der Sozialisationsprozeß ist die Schaltstelle zwischen dem Sozialisationsmilieu der Familie und der sich dadurch ergebenden Persönlichkeitsstruktur des Kindes. Der gesamte Prozeß der Sozialisation (Erziehung) enthält folgende Teilbereiche: Erziehungsvorstellungen, Erziehungsklima und Erziehungspraktiken.

a) Erziehungsvorstellungen

Die Erziehungsvorstellungen lassen sich weitgehend direkt aus den Wertorientierungen ableiten, wenn sie nicht sogar mit diesen übereinstimmen. So sind die Ziele, die in der Unterschicht für die Erziehung der Kinder angestrebt werden, nur auf das äußere Verhalten bezogen. Man erzieht hier in erster Linie zu Gehorsam, wobei die mögliche Folge (Abhängigkeit) nicht ausreichend mitbedacht wird. Demgegenüber ist die Erziehung in der Mittelschicht auf die Entwicklung charakterlicher Merkmale ausgerichtet, die dazu dienen sollen, den sozialen Aufstieg zu fördern. Hier wird hauptsächlich zu Unabhängigkeit und Selbstverantwortung erzogen, um das Kind möglichst früh zur Selbstbestimmung zu führen.

b) Erziehungsklima

Der gefühlsmäßige Zusammenhang, in dem die Erziehung der Kinder geschieht, spielt eine wichtige Rolle. Hier kann man sich - auch wieder bedingt durch die Situation am Arbeitsplatz - vorstellen, daß sich das Erziehungsklima (als emotionale Tönung in der Eltern-Kind-Beziehung) je nach Schichtzugehörigkeit unterschiedlich auswirkt. So trifft man in der Unterschichtsfamilie eher Gleichgültigkeit, teilweise sogar Ablehnung gegenüber den Kindern an, während in der Mittelschicht das Einstellungsverhalten den Kindern gegenüber eher von liebevoller Zuwendung geprägt ist. Hierbei muß man jedoch berücksichtigen, daß die angeführte Gleichgültigkeit bei Unterschichtseltern nicht etwa mit mangelnder Kinderliebe gleichzusetzen ist, sondern ihre Ursache in der tatsächlich größeren Belastung hat, welche Unterschichtskinder für ihre Eltern darstellen (z. B. in schulischer, zeitlicher und finanzieller Hinsicht).

c) Erziehungspraktiken

Die Erziehungsmethoden der Unterschicht sind "direkt" und machtorientiert. Verbote werden wenig erklärt, meist in Befehlesform ausgesprochen. Wenn das Kind die Verbote nicht berücksichtigt, erfolgt oft eine körperliche Züchtigung. Die verbotenen Handlungen werden hier nach ihren Folgen und nicht nach den Absichten bestraft.

Die Erziehungspraktiken der Mittelschicht sind dagegen indirekter, d. h. psychologischer Art. Gebote und Verbote werden mit Argumenten begründet. Bei Nichtbeachtung wird das Mittelschichtskind statt mit Schlägen mit Liebesentzug (z. B. Isolierung, Appelle an das Schuldgefühl usw.) bestraft. Diese Technik bewirkt langfristig gesehen eine Verinnerlichung der Werte der Mittelschicht, was dadurch noch verstärkt wird, daß die innere Absicht, die einer verbotenen Handlung zugrundeliegt, für das Strafmaß entscheidend ist. Man darf dabei allerdings nicht übersehen, daß diese psychologische Art der Erziehungspraxis oft in ihrer Auswirkung grausamer ist als die direkte "handgreifliche" Auseinandersetzung in der Unterschicht, da das Mittelschichtskind für sein psychisches Gleichgewicht auf die gefühlsmäßige Zuwendung der Eltern unbedingt angewiesen ist. (15)

Das Schaubild (XIV) gibt die Zusammenhänge zwischen der Arbeitswelt und dem Familienleben (mit ihren unterschiedlichen Ausprägungen in Unterschicht und Mittelschicht) in einem Überblick wieder:
(siehe S. 77)

Schaubild (XIV)

»Unterschicht«

Beruf
Fließbandarbeit, Akkordarbeit, geringer Lohn

Körperlich-mechanische Arbeit Umgang mit Sachen; wenig Denkarbeit, kein Gesamtüberblick über den Arbeitsprozeß, geringer Erfahrungshorizont

Austauschbarkeit des Arbeiters durch beliebige andere; geringe Aufstiegschancen; keine Entscheidungsfreiheit oder Möglichkeit zum selbständigen Planen, Überlegen; größerer Zwang zur Unterordnung; resignierende Anpassung

Familie
finanzielle Schwierigkeiten, schlechtere Wohnverhältnisse, Spannungen, Konflikte

Keine Diskussion über Konflikte. Verhalten nach äußerlichen, traditionellen Regeln (»das tut man nicht«), strenge Aufgabentrennung der Geschlechter (Mädchen nähen, arbeiten im Haushalt – Jungens basteln, Ehemänner helfen nicht im Haushalt), Kontakte auf Verwandte, engste Nachbarschaft, Familie beschränkt, geringer Erfahrungshorizont

Schicksalsgläubigkeit, kein Fortschritts-, Aufstiegsglaube, keine Eigeninitiative, wenig Selbstbewußtsein, wenig Nachdenken über eigenes Verhalten

Autoritätsverhältnisse: Vater – Führungsrolle

Erziehungsziele: strenger Gehorsam, Einhaltung äußerer Regeln ohne Diskussion über deren Wert, keine Erfolgs- oder Leistungserwartung an das Kind

Erziehungspraktiken: Nicht-diskutierte Autorität, kurze Befehle, wenig Erklärungen, körperliche Strafen, keine Differenzierung in der Bestrafung, nicht an Absicht, sondern an Folgen orientierte Strafen

»Mittelschicht«

Beruf
Kaufmann, Verwaltungsbeamter, Architekt
höherer Lohn

Umgang mit Menschen: Konferenzen, Verhandlungen
Umgang mit Akten:
Denkarbeit, Planungsarbeit

größerer Überblick von höherer Position aus, Entscheidungsfreiheit, größerer Erfahrungsbereich. Möglichkeit zur Eigeninitiative; relativ bessere Aufstiegschancen

Diskussion, Rechtfertigung, Verantwortung der eigenen Handlung; Darlegung der eigenen Pläne, Vorstellungen (abstraktes Denken); Abwägen verschiedener Vorschläge

Familie
größere finanzielle Freiheit: Möglichkeit zu langfristiger Planung (Sparen, längere Ausbildung, Reisen) – bessere Wohnverhältnisse: geringere Spannung, Aggression; mehr Bewegungsfreiheit

Nachdenken, Diskussion über Konflikte häufiger; Anwendung gegebener Vorschriften weniger starr, meist mit Begründung; flexibler bei der Anwendung der Geschlechtsrollen

Kontakte mit verschiedenen Kreisen (Vereine, Klubs); größer Erfahrungsbereich;
Selbstbewußtsein, Selbständigkeit, Selbstkontrolle; Aufstiegsglaube, aktivistisch

Erziehungspraktiken: begründete Anweisungen; Erklärung, Einsichtigmachen von Normen; Differenzierung in der Bestrafung; mehr auf Absicht, als an Folgen orientierte Strafen; mehr psychologische, als körperliche Bestrafung

Erziehungsziele: Selbständigkeit, Leistungsstreben, begründetes Verhalten, Eigeninitiative

Quelle: Projekt Deutschunterricht 2, Hrsg. von H. Ide, Stuttgart 1972, S. 17 f

2.3. Persönlichkeitsstruktur des Kindes

Nach unserem Modell haben wir uns bisher auf der Ebene der Eltern bewegt. Nun wollen wir die Auswirkungen der elterlichen Erziehung auf die Merkmale der kindlichen Persönlichkeit beschreiben. Wir beschränken uns im folgenden auf die unter schichtenspezifischem Aspekt wichtigen Merkmale der Motivation, Kognition und Sprache.

a) Motivation

Für unseren Zusammenhang genügt es, daß wir an dieser Stelle nur auf die Leistungsmotivation eingehen.

> Def.: Leistungsmotivation ist "das Bestreben, die eigene Tüchtigkeit in allen jenen Tätigkeiten zu steigern oder möglichst hoch zu halten, in denen man einen Gütemaßstab für verbindlich hält und deren Ausführung deshalb gelingen oder mißlingen kann." (16)

Gerade bei der Leistungsmotivation wird es deutlich, daß sie weder angeboren noch allein vom Willen abhängig ist. Sie ist auf jeden Fall ein Ergebnis der elterlichen Erziehung und der zugrundeliegenden Wertorientierungen, und sie fällt je nach dem häuslichen Anregungsmilieu unterschiedlich aus. Wie bereits oben erwähnt, ist die Leistungsmotivation in der Unterschicht wenig, in der Mittelschicht stark entwickelt (vgl. Schaubild (XIII)). Das autoritäre Verhalten der Eltern, vor allem des Vaters, in der Unterschicht, das fehlende Selbständigkeitstraining verbunden mit einer niedrigen Erwartungshaltung gegenüber dem Kind und eine eher einengende als fördernde Erziehung hemmen in dieser Schicht die Ausbildung von Leistungsmotivation. Dagegen erweisen sich in der Mittelschicht als förderlich für die Entwicklung eines motivierten Leistungsstrebens die positiven Eltern-Kind-Beziehungen, hohe Ansprüche an

das Kind, ohne diese in Leistungsdruck ausarten zu lassen,
Bekräftigung für gezeigte Leistung und wohlwollende Nachsichtigkeit gegenüber Mißlingen bzw. fehlendem Erfolg. (17)

b) Kognition

Ein weiterer wichtiger Punkt für die Entwicklung der Persönlichkeitsstruktur des Kindes ist der Bereich der Kognition mit den Teilaspekten der Wahrnehmung, Intelligenz und Sprache.

Def.: "Der Begriff 'Kognition' bezieht sich auf die höheren geistigen Prozesse, also auf die Funktionen, die uns die 'Welt um uns' verstehen und an ihr teilnehmen lassen." (18)

Unter schichtenspezifischer Fragestellung ist es interessant, inwieweit die verschiedenen Umweltbedingungen dazu verhelfen bzw. es verhindern, daß das angeborene "Begabungspotential" möglichst ausgeschöpft wird.

Als Bedingungen der Umwelt, welche die kognitive Entwicklung besonders beeinflussen, haben sich die folgenden Bereiche ergeben, die auch untereinander abhängig sind: der Umfang der Anregungen, die Erziehung und die Sprache. Bei der Beschreibung des Sozialisationsmileus wurde bereits darauf hingewiesen, daß die Anregungsumwelt in Unterschichtsfamilien wenig fördernd ist. Das führt zu entsprechenden negativen Auswirkungen, da die vorhandene Begabung (intellektuelle Grundlage) nicht genug ausgeschöpft, gefordert wird. Ebenso behindert die Unselbständigkeit in der Erziehung des Unterschichtskindes des Möglichkeit, sich aktiv die Umwelt zu "erschließen", d. h. sein soziales Selbstgefühl wird immer hinter dem des Mittelschichtskindes zurückbleiben. Die engste Verbindung besteht schließlich zwischen Kognition und Sprache. Die Häufigkeit und die Art und Weise des Sprachkontaktes zwischen Eltern und Kind spielen hierbei die entscheidende Rolle und wirken sich wiederum beim Vergleich von Mittel-

schicht und Unterschicht zuungunsten der letzteren aus.
Auch über die Sprache wird also die Kognition des Unterschichtskindes nur unzureichend gefördert.

Insgesamt läßt sich sagen, daß die Angehörigen der beiden Schichten sich nicht in der Art ihrer Organisation intellektueller Fähigkeiten unterscheiden, sondern die Unterschiede nur durch verschiedene Umweltbedingungen hervorgerufen werden. (19)

c) Sprache

Die schichtenspezifische Sprachforschung hat herausgearbeitet, daß das Sprachverhalten von Unterschicht und Mittelschicht sich dadurch unterscheidet, daß die Betonung auf verschiedenartige Möglichkeiten der Sprache gelegt wird. Wie aus den idealtypisch beschriebenen Familienstrukturen und den Orientierungs- bzw. Erziehungsmustern zu erschließen ist, wird in beiden Schichten unterschiedlich mit der Sprache umgegangen. So regen die Mittelschichts-Eltern ihre Kinder generell zum Sprechen und Diskutieren an, ermuntern sie, ihre Individualität auch über das Mittel "Sprache" darzustellen. Zusätzlich erfordert die sprachliche Bewältigung der hier typischen Vielzahl von Rollenbezügen (Rollenflexibilität) eine andere - ausgeprägtere - Art der verbalen Planung als in der Unterschicht, wo die Rollen meist unverändert festliegen, Diskussionen kaum stattfinden und die Sprache hauptsächlich eingesetzt wird, um Übereinstimmung und Bestätigung zu dokumentieren.

Das Ergebnis dieser unterschiedlichen sozialen Strukturen sind zwei verschiedene Typen von Sprechweisen:
Bei der Unterschicht die sog. "eingeschränkte" Sprechweise (restringierter Kode), die syntaktisch und grammatikalisch ziemlich festgelegt und damit vorhersagbar ist.

Bei der Mittelschicht die sog. "ausgearbeitete" Sprechweise (elaborierter Kode), die über eine größere Anzahl von verschiedenen Konstruktionsplänen verfügt und auch in der Wortwahl differenzierter ist.

Für die Kinder der Unterschicht bedeutet der verschiedene Sprachgebrauch einen "Teufelskreis". Wenn Kinder "eingeschränkt" sprechen, bedeutet das nach allgemeiner Auffassung, sie würden in der kognitiven Leistungsfähigkeit verarmen. Diese "Verarmung" wiederum dient als Rechtfertigung dafür, daß in der Schule die "ausgearbeitete" Sprechweise verlangt wird. Das hat für die Unterschichtskinder nachteilige Folgen in gefühlsmäßiger wie in sozialer Hinsicht. Zum einen wird verlangt, den "eingeschränkten" Sprechstil nicht mehr zu sprechen, dadurch aber wird die eigene soziale Identität angetastet. Die Kinder erfahren Verunsicherung und Frustration. Zum anderen wird die ungewohnte und ungeübte, "ausgearbeitete" Sprechweise von den Kindern der Unterschicht nie so beherrscht werden, wie das für Mittelschichtkinder üblich ist. Die gestellten Anforderungen im sprachlichen Bereich können also nicht erfüllt werden. Aber der Nachweis, die "ausgearbeitete" Sprachform zu beherrschen, ist gleichzeitig Voraussetzung dafür, bestimmte höhere Positionen in der Gesellschaft einnehmen zu können. Da das Unterschichtkind den "Qualitätsnachweis" ("ausgearbeitet" zu sprechen) nicht beibringen kann, wird es von den "höheren Positionen" auf diesem indirekten Wege ausgeschlossen. Der Kreis hat sich geschlossen.

Die Verschiedenartigkeit der Sprechweisen hat auch für das Verhältnis zwischen Patient und Arzt direkte praktische Bedeutung. Für eine große Gruppe der Kranken (Unterschichtpatienten) bestehen nämlich erhebliche Schwierigkeiten, ihre "subjektiven Leidenssymptome" dem Arzt in sprachlich ausreichender Form mitzuteilen. Dadurch wird die geeignete medizinische Hilfe zumindest erschwert, was besonders bei der Behandlung in der Psychoanalyse zu beobachten ist, wo fast ausschließlich Mittelschichtangehörige anzutreffen sind. (20)

3. Berufliche Sozialisation

3.1. Allgemeine berufliche Sozialisation

Alle beruflichen Lernvorgänge, die der sekundären Sozialisation zuzuordnen sind (vgl. Schaubild(XI)), werden in gewisser Weise durch die primäre Sozialisation geprägt, da alle später erworbenen Verhaltens- und Einstellungsweisen bereits im Kindesalter in der Grundrichtung festgelegt sind. Der Beruf ist in unserer Gesellschaft das wesentliche Merkmal für den Standort des Individuums innerhalb eines sozialen Systems. So braucht man z. B. nur das Berufsprestige eines Arztes mit dem eines Omnibusfahrers zu vergleichen. Die Rangskala der Berufspositionen wird eindeutig eine Höherbewertung zugunsten des Arztes aufweisen. Wird jedoch die Frage nach der Bedeutung der Arbeit für die Gesamtheit der Bevölkerung gestellt, so muß die unterschiedliche Bewertung der Berufe zumindest fragwürdig erscheinen. Denn beider Arbeit ist gesellschaftlich gleich wichtig. So stellt auf der einen Seite beispielsweise der Arzt als Chirurg die Verwendbarkeit des einzelnen nach einem Betriebsunfall wieder her, wohingegen andererseits der Busfahrer jeden morgen Hunderte von Arbeitern zur Arbeit fährt, damit für deren Arbeitseinsatz die Möglichkeit schaffend.
Daraus ergibt sich für den Begriff "Beruf" folgende Bestimmung:

Def.: Der Beruf ist eine Tätigkeit, auf die ein Individuum vorbereitet, angelernt oder in die es wenigstens eingeführt wird. Der Beruf wird ausgeübt zur Bestreitung des Lebensunterhaltes und anderer Bedürfnisse. (21)

Welchen Beruf aber ein Individuum wirklich ergreift, für welchen Beruf es sozialisiert wird, hängt von zahlreichen persönlichen und sozialen Umständen ab, so u. a.: (22)

- von der **Schichtenzugehörigkeit** bzw. dem Sozialstatus des Elternhauses. So steigt mit der höheren sozialen Schicht auch die **Wahrscheinlichkeit**, einen Zugang zu bestimmten Berufsausübungen zu erlangen (z. B. über Abitur, Studium),
- von **individuellen Anlagen, Fähigkeiten und Interessen**, die allerdings wieder durch soziale Einflüsse beeinflußt bzw. geformt werden,
- von der **Geschlechtszugehörigkeit** (Einteilung in Frauen- bzw. Männerberufe),
- vom **Zugang zu bestimmten Informationen vor der Entscheidung für einen Beruf**, wie z. B. durch Berufsberatung. Aber auch das Vorbild der Eltern spielt eine wichtige Rolle. (So z. B. sind 30 % der Medizinstudenten Arztkinder, was eine hohe "Selbstrekrutierung" bedeutet.)

Zusammenfassend kann man sagen, daß in der Kindheit bereits vorwegnehmend wichtige Teile der beruflichen Sozialisation eingeübt werden. Für Arztkinder unter den Medizinstudenten bedeutet das einen Vorsprung an Motivation, Orientierung, Information, Anschaulichkeit und Umgangsformen des zukünftig auszuübenden Berufes.

3.2. Berufliche Sozialisation zum Arzt

Unter den vielen möglichen Berufen haben wir den des Arztes ausgewählt, da dieses Berufsfeld schon wiederholt in unseren Beispielen behandelt worden ist. Der eigentliche Beginn der beruflichen Sozialisation ist die Aufnahme des Studiums. Wir haben aber schon erwähnt, daß natürlich auch die Wahl eines bestimmten Studiums immer abhängig ist von der jeweiligen Einstellung, die in der Zeit vor Beginn des Studiums durch verschiedenste Einflüsse zustande gekommen ist. Zwei Voraussetzungen müssen für die berufliche Sozialisation zum Arzt erfüllt werden. (23)

- Die Studienwahl, die wiederum mit der gesellschaftlichen Wertvorstellung und dem Ansehen des Arztberufes zusammenhängt und von daher für die Motive des Studenten wichtig ist. So bedeuten hohes Prestige in der Berufsskala, ein ziemlich hohes Einkommen, relative Berufssicherheit und selbständiges Arbeiten sicher einen Anreiz für das Arztstudium.

- Die Entscheidung für einen Leistungsdruck, der schon in der Schule einsetzt, da er bedingt durch die Knappheit der medizinischen Ausbildungsmöglichkeiten "notwendig", d. h. unumgänglich geworden zu sein scheint. Bestimmter Notendurchschnitt, Numerus Clausus u. a. birgt die Gefahr in sich, daß die ganze medizinische Ausbildungsphase als Leistungsdruck empfunden wird und somit von den Studienanfängern Einstimmung in und Anpassung an die Gegebenheiten verlangt.

Im vorklinischen und klinischen Studium erlernt der Student nicht nur medizinisches Fachwissen, Methoden und Techniken, sondern auch berufsspezifische Einstellungsmuster, "situationstypische Reaktionsweisen" und allgemeine Verhaltenserwartungen. Die Vielfalt solcher Erwartungen mündet in verschiedene Normen, die dann die Rolle des Arztes bestimmen. Diese Verhaltenserwartungen sind jedoch grundsätzlich mehrdeutig für das Verhältnis Patient/Arzt, wenn sie auch nicht ohne einen gewissen Idealismus ("Normenhimmel") auskommen. So entscheiden denn Ärzte auch gefühlsmäßig, obwohl sie ihre Aufgaben sachlich neutral, ohne persönliche Sympathien bzw. Antipathien erfüllen sollten. Sie stellen ihre Umgangs- und Verhaltensformen auf die jeweiligen Patienten ab, und sie stufen diese sozial ein trotz der Forderung, daß der

Patient unabhängig von seiner sozialen Lage behandelt
werden soll. Und schließlich verfolgt der Arzt mit seiner
Tätigkeit in der Regel auch handfeste finanzielle und
materielle Interessen, wenngleich er dazu verpflichtet
scheint, uneigennützig zu handeln und die allgemeinen
gesellschaftlichen Interessen über mögliche persönliche
Vorteile zu stellen.

Gegenüber anderen Berufen wird die Berufsrolle des Arztes
durch zwei besondere Merkmale gekennzeichnet. (24)

a) Eingriffsrecht in den Körper

Allgemein spricht man nur dann über seinen eigenen Körper, wenn er nicht routinemäßig arbeitet, d. h. für den Kranken bedeutet das Thema des nicht mehr normal funktionierenden Körpers eine Gefahr. Alles was sonst unbewußt bleibt, wird plötzlich durch den Arzt angesprochen. Diese Tatsache hängt auch damit zusammen, daß wir eine doppelte Erfahrung von unserem Körper haben. Einerseits <u>sind</u> wir Körper (Leib) ohne jeglichen Abstand zur eigenen Person, und andererseits <u>haben</u> wir einen Körper (Leib), den wir beispielsweise bei einer Krankheit unmittelbar zu spüren bekommen. "Die Unversehrtheit des (Körpers) ist für unser Selbstwertgefühl und unsere Identität von größter Bedeutung".

b) Umgang mit Krisensituationen

Das andere wichtige Merkmal ist die Tatsache, daß der Arzt oft mit menschlichen Krisensituationen, mit schweren unheilbaren Krankheiten zu tun hat. So hat er z. B. bei Geburt und Tod entscheidende "Definitions- und Handlungsrechte". Natürlich beeinflussen diese Vollmachten psychologisch auch das Selbst- und Fremdbild des Arztes. Auf jeden Fall erfährt die ärztliche Tätigkeit durch die Mischung von Bedrohung und Hilfestellung eine qualitative Sonderstellung, welche bei anderen zwischenmenschlichen Beziehungen nur schwer vorhanden sein dürfte.

Von den oben beschriebenen Berufserfahrungen ist der
Medizinstudent jedoch noch weit entfernt. Inwieweit die
anfänglich geforderten Wertvorstellungen auch wirklich
verinnerlicht werden und dadurch zur Grundlage von Handlungen und Entscheidungen werden können, darüber entscheidet der berufliche Werdegang. Einige Untersuchungen
haben nachgewiesen, daß der berufliche Lernprozeß den
Arzt zwingt, sich zunehmend von den ursprünglichen Idealen
der Arztrolle zu entfernen. Allgemein kommt es zu einer
Ernüchterung, die in der Fachliteratur unter dem Stichwort "Schicksal des Idealismus" bekannt geworden ist. So
hat man herausgefunden, daß die Gültigkeit hoher ethischer
Forderungen durch Formen des Zynismus ersetzt worden ist.
Gegen Ende des Studiums werden die Einstellungen der Studenten gegenüber Kranken immer ungünstiger. Besonders die
alten und chronisch Kranken erfahren diese Abneigung. Sie
scheinen das Erfolgsbewußtsein des jungen Medizinstudenten
besonders zu beeinträchtigen. Ein anderer wichtiger Umstand
für die Ausprägung einer "zynischen Mentalität" ist, daß
der Medizinstudent erst Leichen seziert haben muß, ehe man
ihn an den kranken Menschen heranläßt. Die zahlenmäßige
Häufigkeit der Begegnungen mit Krankheiten und Krankheitsformen wirkt in die gleiche Richtung.

Natürlich wird die medizinische Mentalität nicht allein durch
das "Schicksal des Idealismus" bestimmt, sondern in größerem
Umfang durch die Praxisjahre des Arztes, die dann auf die
Handlungs- und Einstellungsmuster immer entscheidender einwirken. (25)

Anmerkungen

1) Fisch, S. 25
2) vgl. Mead in Zoll / Binder, S. 4
3) vgl. Gottschalch u. a., S. 42
4) Medizinische Soziologie, S. 68
5) vgl. Strukturplan, S. 41 f
6) Callies, S. 6 f
7) Neidhardt, S. 61
8) a.a.O.
9) vgl. Mitscherlich, S. 33
10) Abels, S. 3
11) vgl. Gottschalch u. a., S. 46 f
12) vgl. a.a.O., S. 47
13) vgl. Pressel, S. 135
14) vgl. a.a.O., S. 136
15) vgl. Projekt Deutschunterricht, S. 5 f
16) Heckhausen, S. 194 f
17) vgl. Grauer, S. 69 f
18) Holzkamp, S. 84
19) vgl. a.a.O., S. 104 f
20) vgl. Geissler u. a., S. 230
21) vgl. Wallner, S. 219
22) vgl. Medizinische Soziologie, S. 75
23) vgl. Siegrist, S. 109
24) vgl. a.a.O., S. 111 f
25) vgl. a.a.O., S. 112 f

Literatur zur Einarbeitung

Claessens, D., Familie und Wertsystem, Berlin 1962 (2/1967)
Familienerziehung, Sozialschicht und Schulerfolg, hrsg. von
    b:e-Redaktion, Weinheim u.a. 1971
Fend, H., Sozialisierung und Erziehung, Weinheim u. a.
    1969 (4/1971)
Gottschalch, W. u. a., Sozialisationsforschung, Frankfurt 1971

Familie

Bereits in der Einführung haben wir darauf hingewiesen, daß das Kapitel über die "Familie" ein Beispiel für eine spezielle Soziologie ("Bindestrichsoziologie": Familien-Soziologie) sein soll. Die folgenden Ausführungen sind bewußt knapp und kurz gehalten und dienen lediglich einer ersten einführenden Übersicht, da das Thema eigentlich den Rahmen einer Einführung in Begriffe der allgemeinen Soziologie sprengt. Dennoch halten wir gerade die Familie für einen so wichtigen Bereich, daß es durchaus angebracht ist, dieses Thema über die bisherigen Erwähnungen hinaus (vgl. vor allem im Zusammenhang mit der primären Sozialisation) stärker zu berücksichtigen.

1. Wandel der Familienform

Die Familie ist eine allgemein menschliche Einrichtung, die zu allen Zeiten in allen Kulturen angetroffen wurde bzw. wird. Welche Form die Familie allerdings im einzelnen Falle annimmt, entscheidet überwiegend die besondere Ausprägung der jeweiligen Gesellschaft und Kultur. So sieht die Familienform der vorindustriellen Zeit anders aus als die heutige.

1.1. Vorindustrielle Zeit: Großfamilie

Die Kennzeichen der vorindustriellen Zeit (bis zu Beginn des 19. Jahrhunderts) waren Kleinräumigkeit, Unbeweglichkeit und ein "künstlicher Familismus".

Die Kleinräumigkeit machte das gesamte Leben in dieser Zeit überschaubar, da es sich in wenigen, ziemlich einfachen Sozialgebilden abspielte. Unbeweglich waren die

Menschen sowohl in geographischer als auch in sozialer
Hinsicht. Nur wenige kamen wegen mangelnder Verkehrs-
möglichkeiten über den Rahmen ihres Heimatdorfes hinaus.
Und auch die gesellschaftliche Stellung wurde durch die
familiale Herkunft bestimmt, d. h. der soziale Rang war
von der ererbten, zugeschriebenen Position abhängig
(Geburtsstand). Von einem "künstlichen Familismus" kann
insofern gesprochen werden, als die Familie auch Modell
für den außerverwandtschaftlichen Bereich war (vgl.
Gilden, Zünfte). Die Verhaltensweisen und Vorstellungen,
die in der Familie erworben wurden, galten auch in diesen
anderen gesellschaftlichen Bereichen. (1)

Die diesen Gegebenheiten am besten entsprechende Form der
Familie war die Großfamilie. Sie bestand aus mehreren
Generationen, die vom gemeinsamen Besitz abhängig waren.
Die Großfamilie war gleichzeitig Produktionsgemeinschaft,
d. h. der Bedarf zum täglichen Leben wurde im Rahmen der
Familie hergestellt. Somit bestand keine Trennung zwischen
Wohn- und Arbeitswelt. Im Rahmen der Großfamilie als
"Lebensgemeinschaft" wurden neben der Selbstversorgung
auch die Funktionen der Erziehung, der sozialen Sicherung
(durch Nachbarschaftshilfe), der Rechtssprechung und der
Politik erfüllt. Was die innerfamiliale Struktur angeht,
so war sie bei der Großfamilie als "Gesinnungsgemeinschaft"
autoritär-patriarchalisch. Der Familienvater traf allein
im kleinen wie der Landesvater im großen alle wichtigen
Entscheidungen ohne vorherige Rücksprache mit anderen.
Frau, Kinder, Gesinde hatten bedingungslos zu gehorchen.
Insofern stellte die häusliche Gemeinschaft der Großfamilie
eine Welt im kleinen dar. Sie war gesellschaftlich integriert, da sie ein getreues Abbild der sie umgebenden
Sozialformen bis hin zum feudalistischen Staat abgab.

1.2. Industrielle Zeit: Kleinfamilie

Die Französische Revolution bedeutete einen Einschnitt zwischen der vorindustriellen und der industriellen Zeit. Sie brachte einen Umschwung auf geistigem, wirtschaftlichem und politischem Gebiet. Begriffe wie Aufklärung und Rationalismus, Industrialisierung und Kapitalismus, Liberalismus und Demokratie stehen als Schlagworte für den Wandel in dieser Zeit. (2)

Die Kennzeichen der industriellen im Gegensatz zur vorindustriellen Zeit sind Weiträumigkeit, Beweglichkeit und die Trennung von familialem und öffentlichem Bereich.

Die gesellschaftlichen Gebiete (wirtschaftliche, politische, kulturelle) wurden mit der Zeit immer mannigfaltiger und damit für den einzelnen weniger überschaubar. Reichte in der vorindustriellen Zeit die unmittelbar gemachte Erfahrung zur Orientierung aus, so ist heute neben der Erfahrung die Vermittlung von Information von zentraler Bedeutung. Eine größere geographische Beweglichkeit ist ablesbar an der Wanderung verschiedener Bevölkerungsgruppen (z. B. schlesische Bergleute ins Ruhrgebiet). Mit der Erfindung von Verkehrsmitteln (Bahn, Auto, Flugzeug) wird diese Tendenz zunehmend unterstützt. Auch in sozialer Hinsicht ist die Beweglichkeit größer geworden. Die Auf- und Abstiegsprozesse im Beruflichen orientieren sich an den erworbenen Positionen, wobei einschränkend auf die Schichtenabhängigkeit (vgl. voriges Kapitel, Abschnitt 2) hingewiesen werden muß. Einen "künstlichen Familismus" gibt es heute nicht mehr. Stattdessen sind private und öffentliche Sphäre voneinander getrennt, d. h. die Verhaltensweisen, die sich in der Familie bewährt haben, können nicht mehr ohne weiteres auf andere Bereiche übertragen werden.

Aus diesen angeführten Kennzeichen ergibt sich eine veränderte Familienform für die heutige Zeit. Die jetzige <u>Kleinfamilie</u> besteht nur noch aus zwei Generationen, Eltern und noch nicht selbständigen Kindern. Die schon erwähnte Trennung von Familie und Arbeitswelt läßt die heutige Familie mehr als Konsumgemeinschaft erscheinen, in welcher der Freizeit eine größere Bedeutung beigemessen wird. Konnte die Großfamilie sich noch selbst versorgen, und auch die wesentlichen übrigen Funktionen innerhalb des Familienverbandes erfüllen, so muß die Kleinfamilie durch andere Einrichtungen wie Schule, Betrieb, Krankenhaus, Gericht, Partei usw. ergänzt werden, um ihre Aufgaben voll erfüllen zu können. Innerhalb der Kleinfamilie ist das Zusammenleben eher demokratisch-partnerschaftlich ausgerichtet, was sich sowohl im Verhältnis zwischen Mann und Frau als auch zwischen Eltern und Kindern bemerkbar macht. Wurde die Großfamilie durch die gemeinsame Abhängigkeit vom Besitz zwangsläufig zusammengehalten, so tritt bei der Kleinfamilie an die Stelle der wirtschaftlichen Gemeinsamkeit eine enge gefühlsmäßige Bindung der Mitglieder untereinander. Durch diese Art der "Privatisierung" ist die Familie heute nach innen gebrechlicher geworden, und nach außen erscheint sie wenig integriert, da sie den auf Sachlichkeit und Leistung bezogenen Anforderungen der Berufswelt nicht mehr genügen kann.

Der Wandel der Familienform von der vorindustriellen Großfamilie zur industriellen Kleinfamilie soll noch einmal in der folgenden Gegenüberstellung verdeutlicht werden:

Schaubild (XV)

vorindustrielle Zeit	industrielle Zeit
Großfamilie	Zwei-Generationen-Kleinfamilie
(mehrere Generationen abhängig vom gemeinsamen Besitz)	(Eltern und noch nicht selbständige Kinder)
Produktionsgemeinschaft	Konsumgemeinschaft
(zur Deckung des eigenen Bedarfs)	(klare Trennung von Familie und Beruf)
Lebensgemeinschaft	Liebesgemeinschaft
(alle Funktionen vom Familienverband erfüllt)	(Privatisierung und Intimisierung des Familienlebens)
Gesinnungsgemeinschaft	pluralistische Gemeinschaft
(autoritär-patriarchalische Struktur)	(demokratisch-partnerschaftliche Struktur)

1.3. Funktionsverlust bzw. Funktionsverlagerung der Kleinfamilie

Wir haben gesagt, daß die heutige Kleinfamilie um verschiedene Einrichtungen ergänzt werden muß, damit sie ihre Aufgaben voll erfüllen kann. Dieser Prozeß der Ausgliederung von Funktionen auf Träger im außerfamilialen Bereich wird in der Literatur oft mit der These vom Funktionsverlust der Kleinfamilie gekennzeichnet. So sind im Gegensatz zur Großfamilie z. B. die Aufgaben der Produktion an Betriebe, der Erziehung an Kindergärten und Schulen, der sozialen Sicherung an den Staat, der Verwaltung an Behörden und der Politik an Parteien und Interessenverbände übergegangen. Der somit beschriebene allmähliche Übergang familialer Funktionen in die Aufgaben der Gesamtgesellschaft hat nach der obigen Auffassung auch zu einer Störung der Gruppenbeziehungen innerhalb der Familie geführt.

Bei genauerer Betrachtung müßte die These vom Funktionsverlust der Kleinfamilie jedoch eingeschränkt werden. Man spricht deshalb besser von der Verlagerung bestimmter Funktionsteile. So ist z. B. die Aufgabe der Erziehung nur teilweise an andere Träger abgegeben worden. Ein wesentlicher Teil der Erziehung bleibt nach wie vor Angelegenheit der Familie (vgl. Erziehung bis zum dritten Lebensjahr). Auch im Bereich der Produktion hat die Familie nicht alle Aufgaben verloren, denkt man z. B. nur an die Arbeitsleistung der Frau im Haushalt. Außerdem sind dort, wo gegenüber der Großfamilie Aufgabenbereiche ganz verloren gegangen sind (z. B. Rechtsprechung, soziale Sicherung), heute neue Aufgaben für die Kleinfamilie hinzugekommen (z. B. im Zusammenhang mit der Freizeitgestaltung).(3)

Allgemein kann man die heutigen Funktionen der Kleinfamilie wie folgt beschreiben: (4)

- Die _Reproduktionsfunktion_ meint die biologische Fortpflanzung und ist damit die Voraussetzung für den weiteren Bestand der Gesellschaft. In unserer Gesellschaft ist die Fortpflanzung nur im Rahmen der Familie gesellschaftlich abgesichert, d. h. die Familie hat das "Reproduktionsmonopol".

- Die _Sozialisationsfunktion_ dient der Erziehung der Kinder, wodurch Kulturwerte und Traditionen vermittelt und erhalten werden (vgl. vorheriges Kapitel).

- Die _Plazierungsfunktion_ bedeutet, daß die Familie für die gesellschaftliche Einordnung der Kinder sorgt. (Hierbei besteht die Gefahr, daß über die Familie die Schichtung der Gesellschaft verewigt wird.)

- Die Funktion des "familialen Spannungsausgleichs" hilft letztlich, die Arbeitskraft wiederherzustellen, indem die Familie den "Blitzarbleiter" für Aggressionen aus der Berufswelt abgibt.

Das folgende Schaubild (XVI) macht die Auslagerung verschiedener Aufgaben aus dem Bereich der Großfamilie auf andere Träger graphisch sichtbar:
(siehe S. 95)

2. Struktur der Kernfamilie

Bei unseren weiteren Ausführungen werden wir an die Stelle des Begriffs "Kleinfamilie" den der "Kernfamilie" setzen. Die letztere Bezeichnung hat sich in der Soziologie durchgesetzt, wenn es sich um eine Kleinfamilie bestehend aus Vater, Mutter, Sohn und Tochter handelt. Diese "vollständige" Familie ist deswegen für eine soziologische Betrachtungsweise wichtig, da man daran typische Elemente der Familienstruktur und der Rollen der einzelnen Mitglieder aufzeigen kann.

2.1. Biologisch-soziale Doppelnatur

Man kommt bei der Erörterung der Struktur der Kernfamilie nicht umhin, bei den biologischen Grundvoraussetzungen anzufangen. Als zwei solcher biologisch bedingten Merkmale hat man die unterschiedlichen Geschlechter und Generationen herausgestellt, die in einer Familie miteinander in Beziehungen treten. Desweiteren sind die alleinige Gebärfähigkeit der Frau und die Hilflosigkeit des Kleinkindes biologisch vorgegeben. Während die Mutter-Kind-Beziehung biologisch bedeutsam ist (Schwangerschaft,

Schaubild (XVI)

FUNKTIONSVERLUST BZW. -VERLAGERUNG DER FAMILIE

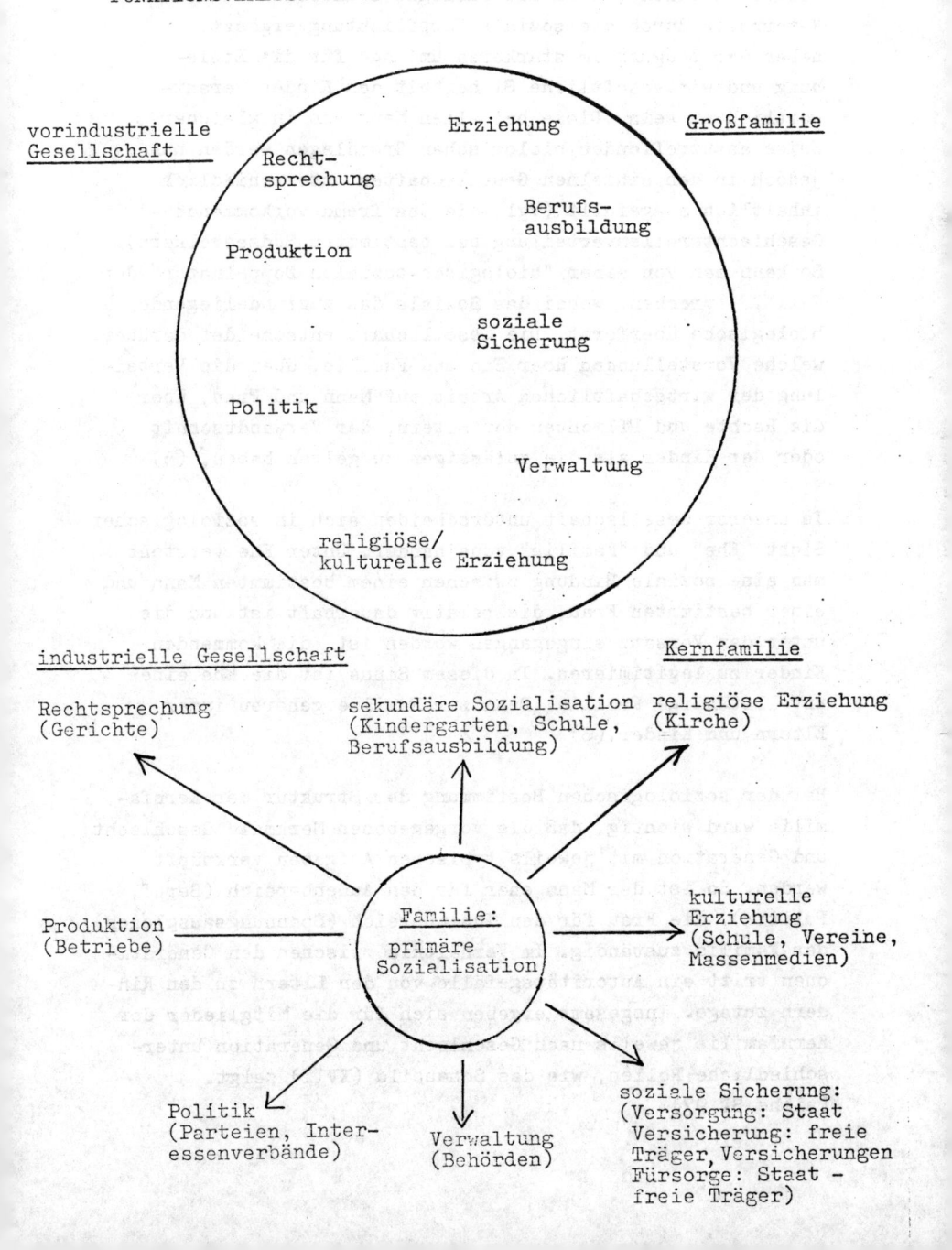

vorindustrielle Gesellschaft — Großfamilie

Innerhalb des Kreises:
- Erziehung
- Rechtsprechung
- Berufsausbildung
- Produktion
- soziale Sicherung
- Politik
- Verwaltung
- religiöse/kulturelle Erziehung

industrielle Gesellschaft — Kernfamilie

Familie: primäre Sozialisation

- Rechtsprechung (Gerichte)
- sekundäre Sozialisation (Kindergarten, Schule, Berufsausbildung)
- religiöse Erziehung (Kirche)
- Produktion (Betriebe)
- kulturelle Erziehung (Schule, Vereine, Massenmedien)
- Politik (Parteien, Interessenverbände)
- Verwaltung (Behörden)
- soziale Sicherung: (Versorgung: Staat Versicherung: freie Träger, Versicherungen Fürsorge: Staat - freie Träger)

Geburt, Stillen), wird die biologisch unverbindlichere
Vaterrolle durch die soziale Verpflichtung ergänzt,
neben der Zeugung im stärkeren Umfange für die Erziehung und wirtschaftliche Sicherheit des Kindes verantwortlich zu sein. Diese bei allen Menschen in gleicher
Weise anzutreffenden biologischen Grundlagen werden nun
jedoch in den einzelnen Gesellschaften unterschiedlich
inhaltlich ausgefüllt (vgl. die uns fremd vorkommende
Geschlechtsrollenverteilung bei bestimmten Südseevölkern).
So kann man von einer "biologisch-sozialen Doppelnatur" der
Familie sprechen, wobei das Soziale das zugrundeliegende
Biologische überformt. Die Gesellschaft entscheidet darüber,
welche Vorstellungen über Ehe und Familie, über die Verteilung der wirtschaftlichen Arbeit auf Mann und Frau, über
die Rechte und Pflichten der Eltern, der Verwandtschaft
oder der Kinder als die zulässigen zu gelten haben. (5)

In unserer Gesellschaft unterscheiden sich in soziologischer
Sicht "Ehe" und "Familie" voneinander. Unter Ehe versteht
man eine soziale Bindung zwischen einem bestimmten Mann und
einer bestimmten Frau, die relativ dauerhaft ist und die
unter dem Vorsatz eingegangen worden ist, die kommenden
Kinder zu legitimieren. In diesem Sinne ist die Ehe eine
unvollständige Familie. Denn zur Familie gehören immer
Eltern und Kinder.(6)

Bei der soziologischen Bestimmung der Struktur der Kernfamilie wird wichtig, daß die vorgegebenen Merkmale Geschlecht
und Generation mit jeweils typischen Aufgaben verknüpft
werden. So ist der Mann eher für den Außenbereich (Beruf,
Politik), die Frau für den Innenbereich (Spannungsausgleich)
der Familie zuständig. Im Verhältnis zwischen den Generationen tritt ein Autoritätsgefälle von den Eltern zu den Kindern zutage. Insgesamt ergeben sich für die Mitglieder der
Kernfamilie jeweils nach Geschlecht und Generation unterschiedliche Rollen, wie das Schaubild (XVII) zeigt.
(siehe S. 97)

Schaubild (XVII)

ROLLENSCHEMA DER KERNFAMILIE (n. PARSONS)

	Geschlecht (Unterscheidung: Arbeit)	
	VATER/MANN	**MUTTER/FRAU**
	instrumental	expressiv
	(für den Außenbereich zuständig)	(für den Innenbereich zuständig)
	überlegen	überlegen
	SOHN/JUNGE	**TOCHTER/MÄDCHEN**
	instrumental	expressiv
	(für den Außenbereich zuständig)	(für den Innenbereich zuständig)
	unterlegen	unterlegen

(Unterscheidung: Autorität / Generation)

Als Kritik an der Aussage dieses Schaubildes ist anzumerken, daß die hier angeführte Aufgabentrennung zwischen Mann und Frau das Ergebnis einer geschichtlichen Entwicklung ist und nicht als in der Natur der Geschlechter begründet aufgefaßt werden darf. Indem diese Feststellung (Aufgabentrennung) aber wie selbstverständlich erscheint, erhält sie leicht die Gültigkeit einer Norm, nach der man sich verbindlich ausrichtet. Damit aber schafft man erst soziale Wirklichkeit, d. h. das augenblickliche Verhältnis zwischen Mann und Frau erscheint auch zukünftig als "normal" und somit unveränderbar.

2.2. Autoritätsverhältnisse

Das Schaubild (XVII) geht also von einer starren Trennung der Geschlechterrollen aus, die in dieser Form eigentlich heute keine Berechtigung mehr haben dürfte. Die Vorherrschaft des Mannes scheint ein Restbestand der patriarchalischen Struktur der Großfamilie der vergangenen Jahrhunderte zu sein. Damals war die Abhängigkeit der Frau überwiegend wirtschaftlich bedingt. Aufgrund der Tendenz zur Emanzipation der Frau (vgl. Grundgesetz Art. 3.2.: Männer und Frauen sind gleichberechtigt) sind die Grundlagen für die herausgehobene Stellung des Mannes heute nicht mehr gegeben. Deshalb sprechen einige Autoren davon, daß die patriarchalische Familie überwunden sei und sich die Tendenz zur partnerschaftlichen durchgesetzt habe. Dagegen sagen andere, die patriarchalische Familie sei noch lange nicht überwunden. Trotz fehlender Berechtigung halten viele Familienväter ihre Vorrangstellung aufrecht. Gründe für die auch heute noch anzutreffende Vaterautorität in der Familie lassen sich sowohl im wirtschaftlichen und politischen wie auch im ideologischen und pädagogischen Bereich finden. So ist die Frau eben doch noch finanziell vom Mann abhängig, sofern sie nicht mitarbeitet. Und wenn sie mitarbeitet, stellen Beruf, Haushalt und Kindererziehung meist eine kaum zu bewältigende Belastung dar. Eine politische Betätigung ist meistens aus Zeitgründen nicht zu verwirklichen. Wenn diese Benachteiligungen dann auch noch als "natürliche" Unterschiede zwischen den Geschlechtern gerechtfertigt werden, kann man diese als nur noch "ideologisch" bezeichnen. Argumente, wie Gefühl und Mütterlichkeit seien die zentralen Wesensmerkmale der Frau, deuten in diese Richtung. Ein Ergebnis dieser Einstellung ist die unterschiedliche Erziehung von Jungen und Mädchen, wenn z. B. kleine Mädchen mit Puppen, kleine Jungen mit Autos spielen sollen. "Noch immer werden Mädchen nach einer Rollenvorstellung erzogen, zu der gehört, daß sie die Unterlegenen zu sein haben, und daß ihre Aufgabe im Helfen, Unterstützen und Dienen besteht." (7)

3. Alternativen zur Kleinfamilie

Die heutige Form der Klein- bzw. Kernfamilie gilt nicht mehr unbestritten als die Grundlage der Gesellschaft. Zunehmende Scheidungsraten, Ansteigen der psychischen Erkrankungen der Familienmitglieder, größere Unzufriedenheit trotz Wohlstand und Wohlergehen sind Anzeichen für die Unzulänglichkeit der gegenwärtigen Familie in der Industriegesellschaft. Auf der Suche nach besseren Lösungen kommt man wieder zu größeren Zusammenschlüssen, mit deren Hilfe man die Nachteile der Kleinfamilie ausgleichen bzw. vermeiden will.

3.1. Nachteile der Kleinfamilie und Vorteile des Familienverbandes

Folgende Kritikpunkte werden immer wieder an der heutigen Form der Kleinfamilie hervorgehoben. Einmal in wirtschaftlicher Hinsicht die Tatsache, daß man in meist kleinen Wohnungen mit zu teuren Mieten wohnt, kostspielige Haushaltsgeräte nur schlecht ausnutzen kann u. a. Dann psychologisch die Isolierung der Familien z. B. in modernen Wohnblocks und Vorortsiedlungen und pädagogisch ein zu enges und autoritäres Erziehungsmilieu, welches eine Entfaltung der Kinder nur schwer zuläßt. Vor allem die Frau ist in der Kleinfamilie benachteiligt, da sie entweder unter Doppelbelastung oder Unausgefülltsein leiden muß.

Demgegenüber sind die Vorteile eines Familienverbandes wie folgt zu kennzeichnen: (8)

- Bei einer gemeinsamen Anschaffung von Haushaltsautomaten ergeben sich für den einzelnen wirtschaftliche Vorteile. Auch die Ausnutzung der Räumlichkeiten ist für den Familienverband besser gegeben, z. B. eine Küche, ein Kinderspielzimmer für alle Mitglieder. Insgesamt vermindert sich dadurch der Zwang zum Konsum.

- Konflikte und Spannungen, die zwischen den Mitgliedern auftreten, werden ausdiskutiert und damit entschärft. Ein allgemeiner Schutz gegen mögliche Vereinsamung ist ebenfalls in größerem Rahmen eher gegeben.

- Das Milieu für die Kinder ist anregender und fördernder. Sie können in Gruppen auch teilweise fachmännisch betreut werden. Durch ständige Erörterung möglicher Erziehungsmethoden vergrößert sich die Chance, daß autoritäre Erziehungsmuster abgebaut bzw. vermieden werden. Für die einzelnen Erwachsenen ergibt sich der Vorteil, daß sie zeitweise von der Erziehungsarbeit entlastet werden.

- Bedingt durch den größeren Spielraum in der Rollenaufteilung zwischen Mann und Frau wird die Hausarbeit nicht nur von den Frauen, sondern von allen Mitgliedern des Familienverbandes geleistet. Dadurch ist die Frau in der Lage, einer Berufstätigkeit nachzugehen und überhaupt sich besser zu verwirklichen.

- Schließlich verbessert sich die Situation für Alleinstehende, Verwitwete und Geschiedene, indem auch für diesen Personenkreis die Möglichkeit besteht, in den

Familienverband aufgenommen zu werden. Die Probleme
im Zusammenhang mit Krankheit und persönlichen Krisen
allgemein werden damit zumindest erträglicher gemacht.

3.2. Mögliche Alternativformen

Die oben angeführten Vorteile beziehen sich auf Gegenmodelle
zur Kleinfamilie, die wir bisher unter dem Sammelbegriff
"Familienverband" zusammengefaßt haben. Damit meinen wir
allgemein das Zusammenleben mehrerer nicht unbedingt verwandter Menschen in einer Wohnung bzw. in einem Haus. Der
Begriff "Familienverband" ist jedoch zu ungenau. Er enthält
die verschiedenen Formen des Miteinanderlebens, wie z. B.
Wohngemeinschaft, Großfamilie und Kommune, die heute oft
als gleichartig angesehen werden, bei genauerem Hinsehen
aber Unterschiede aufweisen. Die wichtigsten unterschiedlichen Merkmale sollen hier kurz erläutert werden: (9)

a) Die Wohngemeinschaft versteht sich als eine Zweckgemeinschaft, welche das Zusammenleben mehrerer Menschen ermöglichen und finanziell günstiger gestalten soll. Sie
beschränkt ihre Aufgaben oft auf eine gemeinsame Haushaltsführung, ohne weiterreichende enge gefühlsmäßige
Bindungen. Überhaupt sind Wohngemeinschaften meistens
nicht sehr einheitlich, wenn man z. B. an den Zusammenschluß von Studenten, Schülern, Lehrlingen und Jungarbeitern denkt. Bei diesen Gruppen besteht selten der
Wunsch, die Wohngemeinschaft als Dauereinrichtung anzusehen, eher stellt sie eine Übergangslösung dar, bis die
Mitglieder einen festen Platz in der Gesellschaft (Berufsleben) gefunden haben. Allerdings kann eine Wohngemeinschaft durchaus zu einer Großfamilie werden.

b) Die Großfamilie als eine mögliche Alternativform zur
Kleinfamilie darf nicht verwechselt werden mit der
Großfamilie der vorindustriellen Zeit (vgl. Punkt 1.1.).

Sie besteht nicht überwiegend aus Verwandten und hat
nicht die autoritäre Struktur wie früher, sondern sie
besteht aus einem Zusammenschluß befreundeter Kleinfamilien, (Ehepaare mit und ohne Kinder). Die Einzel-
familien, die finanziell schon ausreichend abgesichert
sind, wollen zusammenwohnen, einmal wegen der praktisch
wirtschaftlichen Vorteile, hauptsächlich aber wegen der
psychischen und emotionalen Vorteile. Man will die
"Isoliertheit des Kleinfamiliendaseins" überwinden und
auch die Erziehung der Kinder gemeinschaftlich durch-
führen. Besonders hierbei erweisen sich die Großfamilien
als relativ einheitliche Gruppierungen, da die Vorstellungen über Erziehung (partnerschaftliche Gleichberechtigung) weitgehend übereinstimmen. So sind Großfamilien
oft Gemeinschaften von Akademikern.

c) Wesentliches Merkmal der <u>Kommune</u> ist schließlich die
politische Ausrichtung. Die Mitglieder sind oft junge
Leute, die eine sozialistische Lebensform innerhalb der
gegebenen kapitalistischen Leistungsgesellschaft vor-
wegnehmen wollen. Dazu müssen sie zuerst ihre eigenen
Sozialisationserfahrungen berichtigen bzw. überwinden,
um zu einem mehr solidarischen Verhalten zu gelangen.
Erst ein solch gemeinschaftliches Verhalten kann der
Ausgangspunkt für den Kampf gegen die herrschenden Verhältnisse sein. Indem die Kommune immer ihr Zusammenleben
mit politischer Arbeit verbindet, wird sie gleichzeitig
zur Organisationsform, die die angestrebte Umwälzung der
Gesellschaft einleiten kann. Eine in diesem Sinne politisch verstandene Kommune hat wenig zu tun mit den oft
hiermit in Zusammenhang gebrachten Schlagworten wie
"Gruppensex" und "Anarchismus". Diese Begriffe allein
können dem Anspruch einer Kommune als Alternativform
zur Kleinfamilie nicht gerecht werden.

Wenn es bei den offensichtlichen Vorteilen der beschriebenen Familienverbände trotzdem nicht zu Verwirklichungen im
größeren Umfang gekommen ist, so hat das innere und äußere

Gründe. Innerlich entstehen Schwierigkeiten aus der schon durchgemachten Erziehung zum Individualismus. Der Bereich des Privaten gilt als so unantastbar, daß man nur schwer bereit ist, allgemein intime Beziehungen zu mehr als einer Person aufzunehmen. Nicht zuletzt hat gerade das Problem der Eifersucht (nicht unbedingt sexuell) viele Kommunen, in denen nicht genügend Rückzugsmöglichkeiten vorhanden waren, auseinanderbrechen lassen. Als äußere Hindernisse erweisen sich immer Fragen der Verwaltung des gemeinsamen Eigentums, da unser Recht nur vom Eigentum des einzelnen ausgeht. Ebenso bereiten bautechnische Bedingungen größere Schwierigkeiten, da auch hier Wohnungen bzw. Häuser nur für Kleinfamilien geplant und gebaut werden. Und schließlich kommt es nicht selten bei vollzogenem Zusammenschluß zu Familienverbänden zu Streitigkeiten mit dem jeweiligen Nachbarn, da die Vorstellungen über Erziehung, Verhalten, Umgangsformen usw. mitunter grundsätzlich verschieden sind.

Eine bekannte Alternativform zur Kleinfamilie ist bereits im größeren Umfang verwirklicht worden, die Kibbuzim in Israel. Diese agrarisch-genossenschaftlichen Siedlungen könnte man als eine Verbindung von Großfamilie und Kommune auffassen. Sie setzen ein ausgebildetes System gemeinschaftlicher Erziehung an die Stelle der althergebrachten Familienerziehung und sind sozialistisch ausgerichtet, da es z. B. nur Gemeinschaftseigentum gibt. Allerdings hat sich dieses Modell innerhalb Israels in der letzten Zeit nicht stärker ausgebreitet, und es erscheint auch kaum übertragbar auf unsere hochindustrialisierte Gesellschaft.

Anmerkungen

1) vgl. Neidhardt, S. 23 f
2) vgl. a.a.O., S. 25
3) vgl. a.a.O., S. 57 f
4) vgl. a.a.O., S. 59 ff
5) vgl. König in Zoll/Binder, S. 14
6) vgl. Neidhardt, S. 7
7) Runge, S. 267
8) vgl. Menschik, S. 148
9) vgl. Feil, S. 27 ff

Literatur zur Einarbeitung

Claessens, D. / Milhoffer, P. (Hg.), Familiensoziologie, Frankfurt 1973
Feil, J. (Hrsg.), Wohngruppe, Kommune, Großfamilie, Reinbek 1972
Lüschen, G. / Lupri, E., Soziologie der Familie, Opladen 1970
Neidhardt, Fr., Die Familie in Deutschland, Opladen 1966, 3/1971

Schichten und Klassen

1. Aufbau der Gesellschaft

Es steht außer Frage, daß jede Gesellschaft sozial gegliedert ist. Jedes System von Gesellschaftsaufbau beinhaltet demnach Ungleichheit, d. h. es gibt Über- und Unterordnungen für die einzelnen Mitglieder in ihren jeweiligen Positionen in der Gesellschaft. Neben der tatsächlich anzutreffenden Ungleichheit haben Soziologen untersucht, welche Vorstellungen die Menschen über die soziale Gliederung der Gesellschaft in ihrer Gesamtheit haben. Danach kann man von zwei verschiedenen Modellen ausgehen. Die unteren Gesellschaftsgruppen sehen den Aufbau der Bevölkerung "dichotomisch", d. h. sie gehen von zwei entgegengesetzten Blöcken aus. Der eine Block besteht aus einer kleinen Gruppe von Menschen, welche an Macht, Reichtum und Ansehen überlegen sind. Zum anderen gibt es die große Gruppe der "Unterlegenen", die von der ersteren abhängig ist. Sie ist in ihrer Masse namenlos, besitzt keine Macht und wenig Ansehen. Das zweite "hierarchische" Modell wird hauptsächlich von dem mittleren Teil der Bevölkerung vertreten. Dabei sieht man die Gesellschaft nicht zweigeteilt, sondern faßt sie als eine Einheit auf. Es gibt zwar eine soziale Rangordnung, welche aber im Gegensatz zum ersten Modell eine Durchlässigkeit zwischen den einzelnen Gruppen aufweist. Während bei der dichotomischen Einteilung oft von einem unveränderbaren "Die da oben - Wir hier unten" gesprochen wird, glaubt man bei einer hierarchischen Betrachtungsweise, jederzeit durch Leistung in der Gesellschaft aufsteigen zu können.

Schaubild (XVIII)

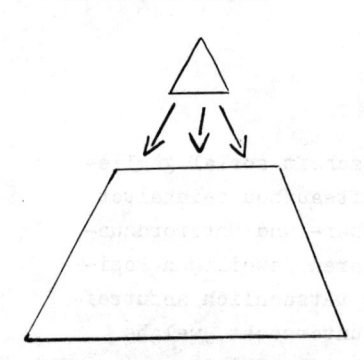

dichotomisches Modell 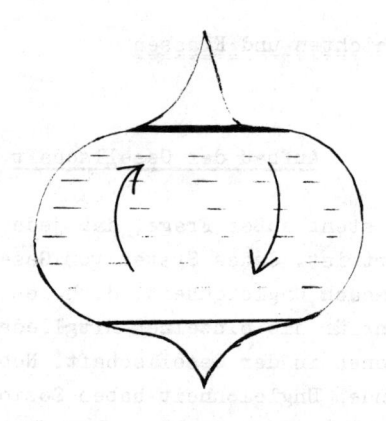   hierarchisches Modell

(1)

Grundsätzlich ist es nötig für eine Untersuchung der gesellschaftlichen Gliederung, sich über diese verschiedenartigen Möglichkeiten von "Gesellschaft" klarzuwerden, ehe man es unternimmt, die Sozialstruktur zu beschreiben.

Def.: Unter Sozialstruktur versteht man das System der gesellschaftlichen Verhältnisse, das sich in der geschichtlichen Entwicklung aus dem Wirkungszusammenhang der sozialen Kräfte ergeben hat.

Bei der Beschreibung der Sozialstruktur kommt es darauf an, Formen und Grade der sozialen Unterschiede festzustellen und Arten des Zusammenwirkens zwischen den Mitgliedern verschiedener Gruppen aufzuzeigen, um so den Standort des Individuums in der sozialen Gliederung der Bevölkerung zu bestimmen. Diese Gesichtspunkte sind erforderlich unabhängig von der Wahl des jeweiligen Modells, welches man für den Aufbau der Gesellschaft benutzt. (2)

1.1. Schichten

1.1.1. Begriffsbestimmung

Eine Möglichkeit, die Sozialstruktur der Gesellschaft darzustellen, ist die Einteilung der Bevölkerung in Schichten. Der Schichtbegriff wird hauptsächlich verwendet, weil er sich direkt verbinden läßt mit der Rollentheorie. Denn nach dieser Auffassung hat soziale Schichtung immer etwas mit dem sozialen Status (bewertete Position) des einzelnen zu tun. Der soziale Status gibt die Position an, in welcher das Individuum innerhalb des "Prestigeaufbaus" der Gesellschaft steht. Die für das soziale Ansehen ausschlaggebenden Merkmale nennt man Schichtungskriterien. Als solche kommen u. a. in Frage: Herkunft, Konfession, Wohnverhältnisse, Besitz, Leistung, Beruf, Einkommen, Bildung, wobei die letzten drei Merkmale als die entscheidenden angesehen werden. Bedenkt man aber, daß vom erreichten Bildungsstand weitgehend der Beruf abhängt und daß die berufliche Tätigkeit das Einkommen bestimmt, wird schließlich der Beruf zum wichtigsten Merkmal für die Schichtzuweisung. Die Bestimmung, welches Ansehen der einzelne Beruf genießt, erweist sich am oberen und unteren Ende der Berufsskala am einfachsten, während in der Mitte eine Zuordnung wegen der häufigen Überschneidungen erschwert wird. Eine Umfrage, die eine Rangordnung von 38 verschiedenen Berufen aufstellen sollte, hat folgendes Ergebnis gezeigt. (3)

1. Universitätsprofessor
2. Arzt
3. Fabrikdirektor
4. Regierungsrat
   .
   .
   .
16. Industriefacharbeiter
17. Schneider mit eigenem Geschäft

18. Bauer
19. Tischler in einer Möbelfabrik
20. Friseur mit eigenem Geschäft
.
.
.
36. Landarbeiter
37. Bürobote
38. ungelernter Arbeiter

Aus dem Vorstehenden ergibt sich für eine allgemeine Begriffsbestimmung von sozialer Schicht:

Def.: "<u>Soziale Schichten</u> bilden ... Bündel von sozial gleich bewerteten Positionen, die untereinander als höher- oder geringerwertig eingeschätzt werden. Bei sozialen Schichten handelt es sich ... um verschiedene Prestigeebenen, die zusammen ... einen bestimmten Statusaufbau, eine bestimmte Rangordnung ergeben." (4)

Die Schichttheorie unterteilt die Gesellschaft oft in drei Schichten (Unter-, Mittel- und Oberschicht). Innerhalb dieser drei Schichten sind weitere Untergliederungen üblich, so daß man bis zu zwölf Einzelschichten erhalten kann. Bei dieser Vielzahl von möglichen Schichteinteilungen und unter der Berücksichtigung der Beliebigkeit von Schichtungskriterien ist es nicht verwunderlich, daß man in der Schichttheorie eine große Anzahl von verschiedenen Modellen kennt.
Die Unübersichtlichkeit wird zudem dadurch vergrößert, daß bei den unterschiedlichen Modellen einmal die Zuordnung über eine Fremdeinschätzung, zum anderen über die Selbsteinschätzung erfolgt.

1.1.2. Schichtmodelle

a) Als ein Beispiel für ein Schichtmodell, das die Selbsteinschätzung der Betroffenen wiedergibt, soll das folgende Schaubild (XIX) vorgestellt werden:

**Sozialschicht der BRD
im Selbstbild der Bevölkerung
(Moore / Kleining 1960)**

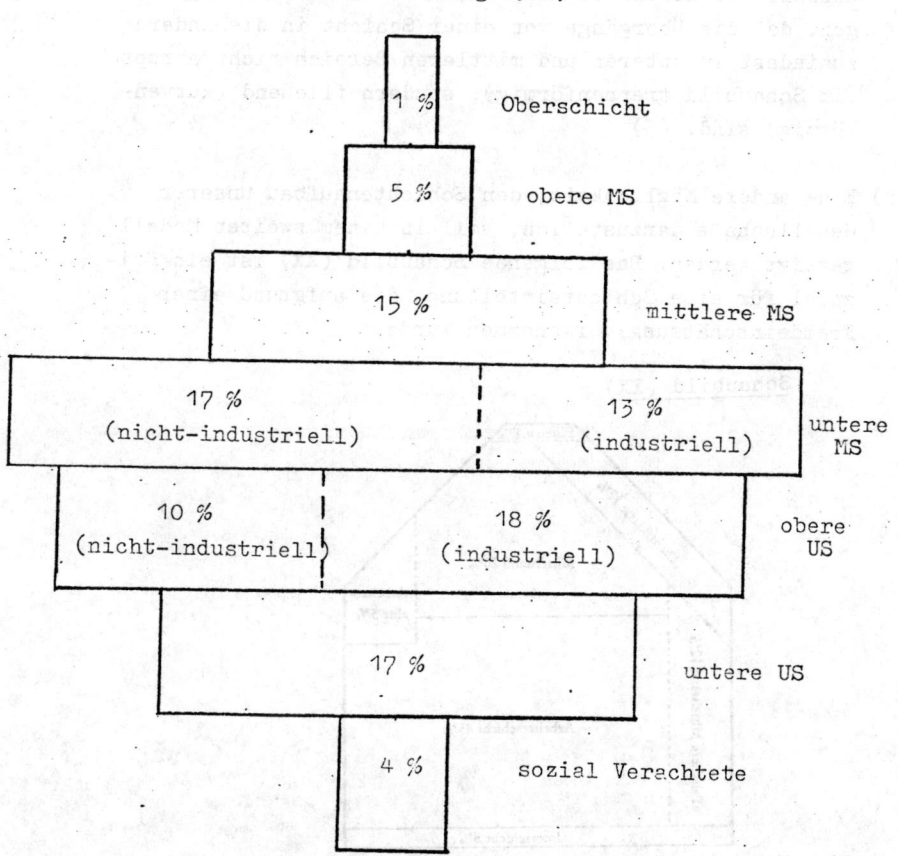

1 %	Oberschicht
5 %	obere MS
15 %	mittlere MS
17 % (nicht-industriell) | 13 % (industriell)	untere MS
10 % (nicht-industriell) | 18 % (industriell)	obere US
17 %	untere US
4 %	sozial Verachtete

Bei diesem Modell sollte sich jeder Befragte entsprechend seinem Zugehörigkeitsgefühl in eine soziale Schicht einordnen. Der Schichteinteilung lagen Berufsgruppen zugrunde, und je nach der Übereinstimmung mit den Tätigkeitsmerkmalen im eigenen Beruf sollte man die ähnlichste Berufsgruppe auswählen. Durch die Einteilung in die verschiedenen Berufsgruppen entstand ein treppenförmiges Bild, das die einzelnen Schichten als **voneinander getrennte Blöcke** erscheinen läßt. Das stimmt aber kaum mit der sozialen Wirklichkeit überein, denn alle Erfahrungen zeigen, daß die Übergänge von einer Schicht in die andere zumindest im unteren und mittleren Bereich nicht abrupt (im Schaubild treppenförmig), sondern fließend (kurvenförmig) sind. (5)

b) Eine andere Möglichkeit, den Schichtenaufbau unserer Gesellschaft darzustellen, soll in einem zweiten Modell gezeigt werden. Das folgende Schaubild (**XX**) ist ein Beispiel für eine Schichteinteilung, die aufgrund einer Fremdeinschätzung vorgenommen wurde.

Schaubild (**XX**)

- Eliten u. 1%
- Dienstklasse 12%
- Mittelstand 20%
- Arbeiterelite 5%
- »Falscher Mittelstand« 12%
- Arbeiterschicht 45%
- Unterschicht 5%

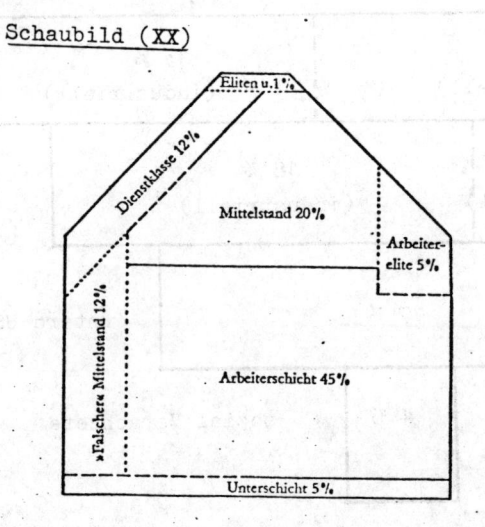

(aus R. Dahrendorf, Gesellschaft u. Demokratie in Deutschland, 1968, S. 1o5)

Uns erscheint an diesem Modell besonders erwähnenswert, daß die Grenzen zwischen den einzelnen Schichten hier nicht unbedingt gradlinig (horizontal) zu sein scheinen, was speziell an den drei Schichten "Arbeiterelite", "falscher Mittelstand" und "Dienstklasse" deutlich wird. Die sog. Arbeiterelite umfaßt die Meister und die Angehörigen hoch qualifizierter Fachberufe. Der sog. falsche Mittelstand meint eine Schicht, die sich hauptsächlich aus den Angehörigen des Dienstleistungsgewerbes zusammensetzt. Nach ihren beruflichen Tätigkeiten wären sie eigentlich der Arbeiterschicht zuzuordnen, sie fühlen sich jedoch mehr dem Mittelstand zugehörig, da sie mit Personen der unterschiedlichsten Kreise ständig in Berührung kommen. Bei der sog. Dienstklasse handelt es sich um den Teil der Mittelschicht, der meist in der Verwaltung tätig ist (Angestellte und Beamte). Außerdem trifft dieses Modell gerade mit den erwähnten Schichten unsere soziale Wirklichkeit insofern, als der Gesichtspunkt einer Herrschaftsausübung eine Rolle spielt. Das wird z. B. deutlich an dem falschen Mittelstand, der sich selbsteinschätzend höher einstuft, jedoch nach seiner tatsächlichen Möglichkeit, Herrschaft ausüben zu können, realistischerweise mit den Arbeitern in der unteren Hälfte eingeordnet wird.

c) Schließlich soll noch auf ein letztes Schichtmodell
(Schaubild XXI) eingegangen werden:

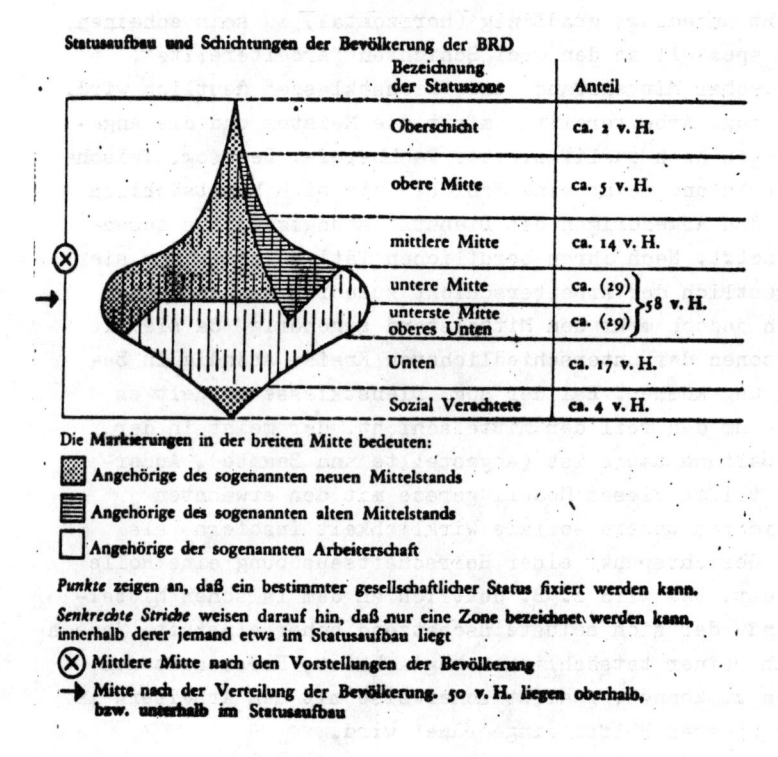

Statusaufbau und Schichtungen der Bevölkerung der BRD

Bezeichnung der Statuszone	Anteil
Oberschicht	ca. 2 v. H.
obere Mitte	ca. 5 v. H.
mittlere Mitte	ca. 14 v. H.
untere Mitte	ca. (29) ⎫ 58 v. H.
unterste Mitte / oberes Unten	ca. (29) ⎭
Unten	ca. 17 v. H.
Sozial Verachtete	ca. 4 v. H.

Die Markierungen in der breiten Mitte bedeuten:

▨ Angehörige des sogenannten neuen Mittelstands
▮ Angehörige des sogenannten alten Mittelstands
☐ Angehörige der sogenannten Arbeiterschaft

Punkte zeigen an, daß ein bestimmter gesellschaftlicher Status fixiert werden kann.
Senkrechte Striche weisen darauf hin, daß nur eine Zone bezeichnet werden kann, innerhalb derer jemand etwa im Statusaufbau liegt
⊗ Mittlere Mitte nach den Vorstellungen der Bevölkerung
→ Mitte nach der Verteilung der Bevölkerung. 50 v. H. liegen oberhalb, bzw. unterhalb im Statusaufbau

(aus: Bolte, K.M., Deutsche Gesellschaft im Wandel, Opl. 1966)

Dieses Modell kann man von den hier vorgestellten als die
gelungenste Darstellung der Schichtung unserer Gesellschaft
ansehen. Zum einen stellt es auch graphisch in Form der
"Zwiebel" die fließenden Übergänge zwischen den einzelnen
Schichten dar (vgl. im Gegensatz dazu: Schaubild (XIX)),
zum anderen macht es deutlich, daß die Einzelschichten
in ihren Abgrenzungen zueinander nicht gradlinig verlaufen
und zumindest im mittleren Teil nicht undurchlässig sind.

Zu den verschiedensten Arten von Schichtungsmodellen kann man zusammenfassend sagen, daß bei ihnen soziale Ungleichheit der Menschen vorausgesetzt wird, und von daher gesellschaftliche Schichtung notwendig erscheint aufgrund unterschiedlicher Bedeutung der Arbeit, die wiederum ausschlaggebend ist für die verschiedene Bewertung der einzelnen Berufe.

Kritisch ist abschließend jedoch zu fragen, ob Schichtungsmodelle überhaupt, die durch subjektive Einschätzung (sei es nun der eigenen Lage oder der Situation anderer Bevölkerungsgruppen) zustandegekommen sind, auch wirklich die sozialen Unterschiede in unserem gesellschaftlichen System wiedergeben können. Nach unserer Meinung sagen Modelle über die vorgefundene gesellschaftliche Wirklichkeit wenig aus, wenn sie nur die Vorstellungen der einzelnen über die Wirklichkeit enthalten. Denn diese Vorstellungen können im Bewußtsein des einzelnen durchaus verformt sein, da sie aufgrund von subjektiven Meinungen, Gefühlen und Wertvorstellungen zustandekommen, also wohl kaum einen objektiven Maßstab abgeben können. (6) Wenn dann außerdem Merkmale wie Beruf, Einkommen, Bildung, Konfession usw. zur Bestimmung von sozialen Schichten benutzt werden, so versuchen damit die Schichttheoretiker indirekt, die Sozialstruktur unserer Gesellschaft lediglich aus einer Verteilung statistischer Größen abzuleiten. Das aber hat wenig Erklärungswert, solange die statistischen Angaben nicht mit sozial bedeutungsvolleren Aspekten (wie z. B. Einflußmöglichkeit, Macht) in Zusammenhang gebracht werden. (7) Denn die statistischen Merkmale erklären nicht die Ursachen für die objektiven Ungleichheiten und Konflikte in der Gesellschaft. Der Schichtbegriff ist lediglich beschreibend und unterstellt, daß unsere Gesellschaft vor allem nach Prestigemerkmalen eingeteilt ist. (8) Schließlich muß noch hervorgehoben werden, daß die Schichttheoretiker selbst aus den oberen Schichten stammen. Sie formulieren die Problemstellung, sie stellen die Fragen und beeinflussen damit - bedingt durch ihre schichtgebundene

Einschätzung der Probleme - das gesamte Verfahren und somit auch das Ergebnis ihrer Untersuchungen. Insofern ist das Konzept der "Mittelstandsgesellschaft" das am häufigsten anzutreffende Ergebnis.

1.2. Klassen

1.2.1. Begriffsbestimmung

Ist einerseits bei der Behandlung der Schichten der hierarchische Aufbau der Gesellschaft betont worden, so handelt es sich bei der Erörterung von Klassen um die Sichtweise des dichotomischen Modells.

Schaubild (XXII)

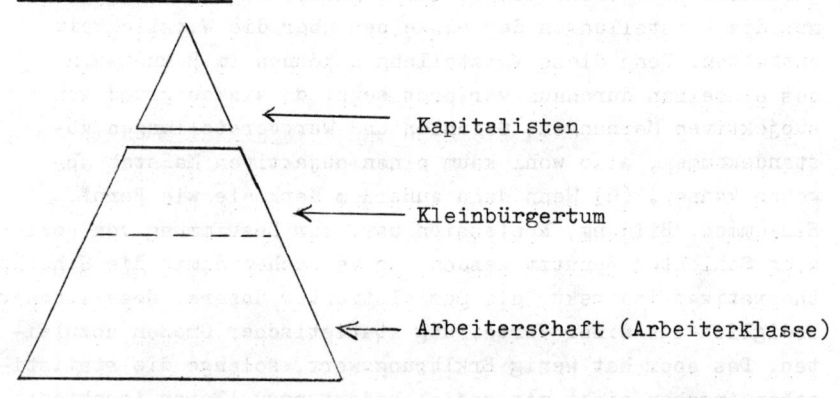

```
        /\
       /  \  ←——— Kapitalisten
      /----\
     /      \  ←——— Kleinbürgertum
   - / - - - \ -
    /         \  ←——— Arbeiterschaft (Arbeiterklasse)
   /_____\
```

Bei dieser Darstellung steht der Klasse der Kapitalisten diejenige der Arbeiter gegenüber. Das wichtigste Kennzeichnen für die Zugehörigkeit zu der einen oder anderen Klasse ist die Stellung des einzelnen zu den gesellschaftlichen Produktionsmitteln und die sich daraus ergebenden Einflußchancen insbesondere im politischen Bereich.

- Zu den "Kapitalisten" rechnet man die Eigentümer der Produktionsmittel bzw. diejenigen, welche die Verfügungsgewalt über die Produktionsmittel ausüben (vgl. Manager) und sich den durch die Arbeiterschaft erarbeiteten "Mehrwert" privat aneignen können. "Wer in den Großorganisationen der Wirtschaft die Verfügung über Millionenwerte und über Zehntausende von Arbeitnehmern hat, der wirtschaftet nicht nur, er übt Herrschaftsmacht über Menschen aus ... Wirtschaftliche Macht wird zu politischer Macht". (9)

- Die andere große Gruppe ist die abhängig erwerbstätige Bevölkerung, also alle Personen, die keine Produktionsmittel besitzen und deshalb auf den Verkauf ihrer Arbeitskraft als einzige Einkommensquelle angewiesen sind. Bedingt durch den Ausschluß vom Besitz an Produktionsmitteln sind die einzelnen Arbeiter ziemlich machtlos, wenn nicht sogar ohnmächtig gegenüber der Klasse der Besitzenden.

Diese beiden Klassen existieren als Gruppen in der Gesellschaft unabhängig davon, inwieweit sich die Vorstellungen der jeweiligen Mitglieder damit decken. Die Selbsteinschätzung bestimmt keine Klassenzugehörigkeit (anders als bei der Schichteinteilung), sondern die Klassen bestehen <u>objektiv</u> in der Gesellschaft, auch wenn das subjektive Klassenbewußtsein der Beteiligten noch nicht vorhanden ist. (10)

<u>Def.</u>: <u>Klasse</u> ist demnach die Bezeichnung für die Gesamtheit aller Menschen, die im Produktionsprozeß gleiche Aufgaben verrichten. Die Menschen sind aufgrund ihrer Stellung im Produktionsprozeß in ihren Lebensbedingungen einheitlich ausgerichtet, sie brauchen aber nicht ein einheitliches "Klassenbewußtsein", solidarische Handlungsweisen, Verhaltens- und Handlungsorientierungen zu haben. (11)

1.2.2. Beziehung zwischen Schicht und Klasse

"Der Begriff der Schicht kann ... nicht einfach an die Stelle des Klassenbegriffs gesetzt werden - die geschichtete Gesellschaft ist nicht die klassenlose." (12) Während der Schichtbegriff nur beschreibenden Charakter hat, erhebt der Begriff der Klasse den Anspruch, die Wirklichkeit zu "erklären".

Eine wichtige Frage ist, auf welche Weise sich die Menschen die Macht verschaffen, ihre physische und soziale Existenz zu erhalten. Wovon oder von wem leben sie? Denn soziale Klassen kann man nicht nach arm oder reich unterscheiden. Es kommt vielmehr auf die gesellschaftlichen Umstände an, durch die man entweder reich wird oder arm bleibt. (13)

Gesellschaftliche Klassen werden also durch einen "überindividuellen Sachverhalt" bestimmt, sie müssen immer aus dem Grundverhältnis (Besitz an/Verfügungsrecht über Produktionsmittel oder nicht) abgeleitet werden. Erst dann kann man eine Feingliederung innerhalb der Klassen beobachten: soziale Schichten. Schichten können danach als Differenzierungen der Klassen verstanden werden. Sie sollen soziale Gruppen umfassen, die hinsichtlich ihrer Lebensbedingungen in gleiche Soziallagen eingestuft werden.

Ein etwaiges verändertes Schichtenmodell müßte dann aber die Bedingungen angeben können, welche für die sozialen Gruppen nach ihrer Stellung im Produktionsprozeß von Bedeutung sind. Solche Bedingungen wären z. B. der Arbeitslohn, die Arbeitszeit und der Verschleiß der Arbeitskraft.

Neben der Bestimmung der Schichten als Feingliederung können soziale Schichten auch zwischen bzw. neben den Klassen stehen. So sind kleinere Selbständige (z. B. Handwerksmeister, Lebensmittelhändler, Bauern, Angehörige freier Berufe) zwischen den beiden Hauptklassen anzusiedeln, während Teile der Intelligenz sich neben den Klassen befinden. (14)

Insgesamt gilt für das Verhältnis zwischen Schicht und Klasse, daß erst auf dem Hintergrund der bestehenden Klasse das Schichtgefüge zu verstehen ist und nicht umgekehrt. Es besteht jedoch die Gefahr, daß der Schichtbegriff von den vorhandenen Klassengegensätzen ablenkt, indem er eine eingebildete Durchlässigkeit zwischen den Gesellschaftsgruppen beschreibt. So verwendet, dient der Schichtbegriff als Werkzeug zur Verdeckung der wirklich vorhandenen Klassenunterschiede.

2. Sozialstruktur der Bundesrepublik Deutschland

Nach den allgemeinen theoretischen Überlegungen zur Sozialstruktur stellt sich hier jetzt die Frage, inwieweit man in der BRD heute von einer geschichteten oder einer Klassengesellschaft sprechen kann. Reicht zur Beschreibung unserer vielfältigen Wirklichkeit das "einfache" Entgegensetzen nur zweier Gesellschaftsgruppen aus? Kann man nur ein einziges Bestimmungsmerkmal (Verhältnis zu den Produktionsmitteln) als ausschlaggebend für soziale Unterschiede ansehen? Viele Sozialwissenschaftler meinen, daß das Klassenmodell eine grobe Vereinfachung darstelle, da es die sozialen Verflechtungen in unserer Gesellschaft nicht richtig wiedergeben kann. Sie sprechen lieber von einer mehrfach geschichteten Gesellschaft, wobei gerade der mittlere Teil die Tendenz einer allgemeinen Annäherung zwischen den Schichten veranschaulicht. Andere Soziologen gehen dagegen weiterhin von einem Klassengegensatz aus, wenn sie nach wie vor der Meinung sind, daß die Struktur der BRD die Lage der Arbeiterschaft unverändert machtlos und abhängig läßt.

Wir gehen ebenfalls davon aus, daß die BRD eine kapitalistische Gesellschaftsform hat, wenn man sie mit den folgenden vier Merkmalen vergleicht, die grundlegend für den Kapitalismus sind.

- Die Produktionsmittel befinden sich überwiegend in privater Hand.
- Der Einsatz von Kapital (als Investition) erfolgt nur aufgrund zu erzielender Gewinne und liegt auschließlich im Ermessen der Besitzer von Produktionsmitteln.
- Das Vorhandensein einer Arbeiterklasse nötigt diese, ihre Ware "Arbeitskraft" zu verkaufen, um damit den Lebensunterhalt zu sichern.
- Die Kapitalbesitzer nutzen die Lohnarbeit der Arbeiter aus, indem sie das für sich als Gewinn zurückbehalten, was die Arbeiter über den ausgezahlten Lohn mehr leisten ("Mehrwert").

Noch einmal sei hier betont, daß eine derartige Betrachtungsweise die sozio-ökonomischen Beziehungen der Menschen in der Produktion als die wesentlichen auffaßt.

2.1. Historische Entwicklung zum Kapitalismus

Bevor wir auf die gegenwärtige Situation in der BRD zu sprechen kommen, soll im folgenden kurz auf die geschichtliche Entwicklung des Kapitalismus eingegangen werden. Die Herausbildung von kapitalistischen Produktionsverhältnissen erfolgte im 19. Jahrhundert und bewirkte große wirtschaftliche und gesellschaftliche Veränderungen. Allgemein kann man die Geschichte des Kapitalismus in drei Entwicklungsstufen einteilen: die Phase der Manufaktur, der freien Konkurrenz und der Monopole. (15)

a) Vor der Arbeitsform der Manufaktur gab es die rein handwerkliche Produktionsweise. Hier stellte noch jeder einzelne Handwerker allein einen Stuhl, einen Schuh u. a. her. Später wurde dann nicht mehr einzeln gearbeitet, sondern mit der Herausbildung der Manufaktur wurden die Arbeiter in Gruppen in einer Werkstatt zusammengeführt. Diese Zusammenfassung von mehreren Arbeitern führte notwendigerweise zu Veränderungen innerhalb der Produktion, d. h. es entwickelte sich eine Aufteilung der Arbeit auf die einzelnen Arbeiter. Nicht mehr jeder produzierte das gleiche, sondern die Herstellung eines Produkts wurde in einzelne, zusammenhängende, nacheinanderfolgende Arbeitsbereiche untergliedert. Diese ausgebildete Form von Manufaktur ließ eine horizontale und vertikale Teilung der Arbeit entstehen. Einmal wurde der Arbeitsvorgang in gleichwertige Arbeitsabläufe zergliedert, und dann wurde ein Unterschied zwischen schwierigen und weniger komplizierten Arbeitsvollzügen gemacht. Letzteres führte dann in der Folge zu einer unterschiedlichen Bewertung der Arbeitskräfte. Veränderte die Manufaktur die Anwendung menschlicher Arbeitskraft, so veränderte die danach verwirklichte maschinelle Produktion die Arbeitsmittel. Die Einführung z. B. des mechanischen Webstuhls, der späteren Werkzeugmaschinen, nahm die Arbeit dem Arbeiter aus der Hand. Nicht mehr der Arbeiter bestimmte das Werkzeug (Produktionsmittel), sondern die Maschine verfügte über ihn. (16)

b) Die Phase der sog. freien Konkurrenz war ein relativ kurzer Abschnitt in der Entwicklung (1870-1900). Die Aufgabe des Staates war in dieser Zeitspanne, dafür zu sorgen, daß die miteinander im Wettbewerb stehenden Unternehmen sich ungehindert entfalten konnten, daß ihnen keine nationalen oder sonstigen Schranken (z.B. Zollschranken) gesetzt und damit die Konkurrenzfähigkeit beeinträchtigt wurde. Diese Aufgabe ähnelte mehr einer "Nachtwächterfunktion", denn bereits um die Jahrhundertwende zeichnete sich eine Tendenz zur Entwicklung "monopolistischer" Organisationen ab. Es entstanden in zunehmendem Maße Großbanken, Konzerne, Kartelle u. a.

c) Der Prozeß zur Entstehung von Monopolen verlief nicht gradlinig sondern ungleichmäßig. Aber seit der "großen Depression" der dreißiger Jahre (Weltwirtschaftskrise) wurde die Konzentration in der Wirtschaft zu den sog. "Multis" (Multi-Nationale-Konzerne) zu einer Selbstverständlichkeit. Jedoch nicht nur auf dem freien Markt kam es zu einer Monopolisierung, ebenfalls der Staat sorgte für eine zusammengefaßte Steuerung bestimmter wirtschaftlicher Vorhaben. So wurden die Entwicklung und Herstellung moderner Waffen, die Raumforschung und vor allem die Dienstleistungsbereiche (Luftfahrt, Bahn, Post) zu Aufgaben von Staatsmonopolen.

Die monopolistische Wirtschaft zeichnet sich durch Ungleichheit und Anfälligkeit gegenüber Krisen aus. So kam es in der BRD während der Jahre 1968 - 1972 zu einer krisenhaften Entwicklung einiger Wirtschaftszweige, wie z. B. in der Stahl-, Kohle- und Erdölindustrie. Die Landwirtschaft hatte Schwierigkeiten, die Lohn- und Streikbewegungen nahmen zu, und der Kampf gegen eine zunehmende Inflation gehörte (auch heute noch) zum Alltag der kapitalistischen Industrieländer.

2.2. Gegenwärtige Situation in der Bundesrepublik

Das ewige Gegensatzpaar in einer kapitalistischen Gesellschaft heißt: Sicherung des Gewinns und gerechtere Umverteilung des Einkommens. Wenn aber eine derartige Gesellschaft sich erhalten will, ist sie darauf angewiesen, daß der "Gewinnmechanismus" auch richtig arbeitet, "andernfalls schließen die Fabriken, werden die Arbeiter arbeitslos, und die Verdienstquellen versiegen für alle". (17) Die Spannungen, die sich zwischen den gesellschaftlichen Gruppen hieraus ergeben, werden zwar mit Begriffen wie "Formierte Gesellschaft" und "Konzertierte Aktion" gemildert, sie ändern aber nichts an der Tatsache, daß irgendwann einmal das System des Kapitalismus dann zum Stillstand kommen muß, wenn es an einem genügend starken Profitanreiz fehlt. (18) So hat der Staat in einer kapitalistisch organisierten Gesellschaft die Aufgabe, einmal den Gewinn zu sichern (durch Anreiz der Nachfrage, Subventionierung, Übernahme wirtschaftlicher Produktionszweige usw.) und zum anderen, zwischen den gegensätzlichen Interessen innerhalb des Systems zu vermitteln. Diese ständige Vermittlungsbereitschaft des Staates läuft auf eine "Harmonisierung zwischen Kapital und Arbeit" hinaus und macht die Monopole der Wirtschaft auf einmal zu Angelegenheiten des Staates, ob dieser nun will oder nicht. Die "bessere" Regierung ist dann diejenige, welche mit wirksameren Stützungs- und Förderungsmaßnahmen für das allgemeine Wirtschaftswachstum arbeitet. (19)

Trotz aller Widersprüche in der kapitalistischen Gesellschaft gibt es die Übereinkunft, daß sich die Interessenvertretungen der verschiedenen sozialen Schichten zustimmend zu dem herrschenden System äußern (vgl. Arbeitgeberverband und Gewerkschaften). Einige der wesentlichen Mißstände bzw. Ungereimtheiten im Kapitalismus sollen im folgenden aufgeführt werden, obwohl wir wissen, daß sie durch den aufgrund von Zustimmung geschaffenen Zusammenhalt niemals ganz überwunden werden können.

Die hier wiedergegebenen empirischen Daten (20) sind deutliche Zeichen für die noch vorhandenen Unterschiede zwischen Kapitaleignern und Arbeitern, sie sind Beweise für die weiterhin, sich sogar steigernde, ungleiche Verteilung der wirtschaftlichen Macht.

Im Jahre 1969 gab es in der BRD 26 Millionen Erwerbstätige, wovon 81,6 % Lohnabhängige (Arbeiter, Angestellte, Beamte) waren. In dieser großen Gruppe der lohn- bzw. gehaltsabhängig Beschäftigten gibt es eine Tendenz zur Konzentration der abhängig Arbeitenden in den industriellen Großunternehmen. So beschäftigen Industrieunternehmen mit mehr als 1000 Arbeitern rund 50 % aller Lohnabhängigen. Diese größeren Unternehmen machen aber nur insgesamt 2,3 % aller Firmen aus.

Die Einkommensstreuung in unserem Land ist ungleich verteilt. Das Einkommen der Selbständigen (13 % der Erwerbstätigen) macht 30 % des Volkseinkommens aus, während das Einkommen der unselbständig Tätigen 70 % Anteil am Volkseinkommen umfaßt. Das bedeutet, daß die Selbständigen einen dreifach so hohen Anteil am Volkseinkommen haben wie die Unselbständigen. Selbst bei den Haushaltseinkommen lagen 1973 die Werte für die Selbständigen mit ca. DM 4000 doppelt so hoch wie bei Arbeitern und Angestellten mit DM 1800 bis DM 2000. (21)

Das Konsumverhalten wird stark durch unterschiedliches Einkommmen beeinflußt. So geben die Selbständigen ein Drittel ihres Einkommens für den Lebensunterhalt aus, während die überwiegende Zahl der Lohnabhängigen ungefähr drei Viertel ihres Einkommens dafür ausgeben müssen. Von fünf sog. langlebigen Verbrauchsgütern (Haus und Grundbesitz, PKW, Farbfernseher, Waschmaschine, Geschirrspüler) besaßen Mitte der sechziger Jahre 23 % der Selbständigen alles, jedoch nur 1 % der Arbeiter alle fünf "Luxusgüter".

Die Vermögensbildung belief sich von 1950 - 1970 in der BRD auf 600 Milliarden DM. Dieses private Vermögen hatten zu 53 % die selbständigen Haushalte (die weniger als 10 % aller Haushalte ausmachen) in der Hand, wohingegen die Unselbständigen 43 % auf sich vereinigen konnten. Die restlichen vier Prozent antfallen auf die selbständigen Landwirte. 1966 verfügten 30 000 Haushalte über eine Million DM oder mehr; 0,14 % der privaten Haushalte besitzen 13,6 % des Gesamtvermögens. Ähnlich ungünstig dürfte sich das Verhältnis der Sparguthaben für die verschiedenen gesellschaftlichen Gruppen ergeben. Der Durchschnitt der Spareinlagen für alle Sparbücher betrug 1970 2000 DM je Buch, wobei aber 50 % aller Sparer nur 2 % der Gesamtspareinlage hatten und 0,6 % über beinahe 22 % der gesamten Einlagen verfügten. Ein Guthaben von 300 DM wiesen im Schnitt 50 % aller Sparbücher auf, 30 000 DM pro Buch entfielen dagegen lediglich auf nur 0,6 % aller Bücher.

Neben der historischen Entwicklung zum Kapitalismus zeigen auch die aufgeführten statistischen Zahlen über die gegenwärtige Situation in der BRD, daß die Merkmale einer Klassengesellschaft weiterhin bei uns anzutreffen sind. Daran ändern auch die teilweise erfolgreichen Bemühungen, die Arbeiter in diese Gesellschaft einzugliedern (über Schule, Gewerkschaft und Parlament u. a.) nichts. Zwar sind die Auswüchse der frühkapitalistischen Periode beseitigt, zwar geht es unbestritten "den Leuten" besser als je zuvor, trotzdem bleibt der grundlegende Gegensatz bestehen zwischen gesellschaftlich erarbeitetem Reichtum und privater Aneignung desselben.

Anmerkungen

1) vgl. Fisch, S. 43
2) vgl. Fürstenberg, S. 12 f (1972)
3) vgl. Bolte in Dahrendorf (1968), S. 97 f
4) Bellebaum, S. 154
5) vgl. Fisch, S. 42
6) vgl. Geissler, S. 118 f
7) Ansatzweise werden diese Punkte jedoch bei Dahrendorf berücksichtigt.
8) vgl. Gottschalch u. a., S. 71
9) Godesberger Programm, zit. nach Jaeggi, S. 64
10) vgl. Hofmann, 1969, S. 34
11) vgl. Rathgeber, S. 25
12) Pressel, S. 140
13) vgl. Hofmann (1969a), S. 34
14) vgl. a.a.O., S. 35
15) vgl. Jaeggi, S. 57 ff
16) vgl. Geissler, S. 103 f
17) Basso, S. 39
18) vgl. Jaeggi, S. 62
19) vgl. a.a.O.
20) vgl. a.a.O., S. 64 ff
21) Das geht aus einer Analyse des DIW hervor, die im August 1974 vorgelegt wurde.

Literatur zur Einarbeitung

Bolte, K.M., Knappe, D., Neidhardt, F., Soziale Ungleichheit, Opladen 3/1974

Bottomore, T.B., Die sozialen Klassen in der modernen Gesellschaft, München 1967

Jaeggi, U., Kapital und Arbeit in der Bundesrepublik, Frankfurt 1973

Wiehn, E., Theorien der sozialen Schichtung, München 1968

Sozialer Wandel

Das letzte Kapitel über soziale Schichten und Klassen beinhaltete eine Bestandsaufnahme der gegenwärtigen Gesellschaft. Es war beabsichtigt, die Struktur der Bevölkerung aufzuzeigen. Während bei einer solchen "Momentaufnahme" mehr der statische Aspekt betont wird, handelt es sich im folgenden um eine dynamische Betrachtungsweise, da sie den Prozeßcharakter des Sozialen Wandels hervorhebt. Das Verhältnis "Schicht/Klasse" als Bezugspunkte einer statischen Sichtweise gegenüber dem Sozialen Wandel als dynamischem Prozeß entspricht der Beziehung zwischen Position und Rolle (vgl. Kapitel "Soziale Rolle", Punkt 1.1.).

1. Soziale Mobilität

Als ein wichtiger Begriff innerhalb des Komplexes Sozialer Wandel soll zuerst die "soziale Mobilität" erörtert werden. Mobilität bedeutet Bewegung und Veränderung, z. B. ein Berufswechsel, Änderung des Einkommens, Wechsel der Partei bzw. der Konfession, des Wohnorts usw. Es handelt sich also hierbei um einen Bewegungsablauf innerhalb einer Gesellschaft, wohingegen der Soziale Wandel den Veränderungsprozeß ganzer Gesellschaften umfaßt.

Def.: "Unter **sozialer Mobilität** versteht man die Bewegung von Personen aus einer Position in eine andere Position. Die Bewegung kann von oben nach unten, von unten nach oben und auf gleicher Ebene erfolgen." (1)

Man unterscheidet zwischen einer horizontalen und einer vertikalen Mobilität, wobei dem jeweiligen Positionswechsel von Individuen verschiedene Bedeutung zugemessen wird.

a) Die horizontale Mobilität bezeichnet zweierlei. Einmal wird ein Wechsel in der sozialen Lage (innerhalb einer Schicht) angenommen, der keine Änderung des Ranges, keine neue Bewertung des sozialen Ansehens zur Folge hat, (Beispiel: Ein Archivar wird zum Bibliothekar). Zum anderen kennzeichnet die horizontale Mobilität auch eine geographisch-räumliche Bewegung, die oft mit einer Veränderung der sozialen Position verbunden ist. (Beispiel: Umzug vom Dorf in die Stadt) (2)

b) Die vertikale Mobilität wird als die wichtigere angesehen. Sie bezeichnet einen Vorgang, bei dem Veränderungen von Position zu Position erfolgen. Dazu kommt aber, daß diese Positionen innerhalb einer festen Skala (nach Beruf, Einkommen usw.) als "werthaltig" angesehen werden und sich daher nach ihrer "sozialen Wertschätzung" abstufen und einteilen lassen. Die Veränderungen von Position zu Position können also entweder als soziale Aufstiege oder Abstiege gedeutet werden. (3)

Die Auf- und Abstiege werden beeinflußt durch das Streben des einzelnen, seinen sozialen Status aufrechtzuerhalten oder zu verbessern bzw. den sozialen Aufstieg anderer zu verhindern (Konkurrenzdenken). (4) Sie vollziehen sich in unserer Gesellschaft hauptsächlich über die Kanäle Schule, Beruf, Heirat, Besitz, Herkunftsfamilie und persönliche Beziehungen. Hierbei darf jedoch nicht übersehen werden, daß einige dieser Kanäle weiterhin trotz der behaupteten Gleichberechtigung und Chancengleichheit aussondernd wirken, d.h. zu Mobilitätsschranken werden können. Als Beispiel erwähnen wir die Beamtenlaufbahn, welche mit ihren vier Stufen (einfacher, mittlerer, gehobener und höherer Dienst) den herkömmlichen Schul- bzw. Studienabschlüssen (Haupt-, Realschule, Abitur, Studium) enspricht.

Neben der Unterscheidung zwischen horizontaler und vertikaler Mobilität sind noch zahlreiche andere Unterscheidungen vorgenommen worden, von denen wir hier lediglich noch eine anführen wollen.
Als Mobilität innerhalb einer Generation (<u>Intragenerations-Mobilität</u>) faßt man den Positionswechsel während des Lebenslaufes einer Person auf. (Beispiel: Der Aufstieg eines Arbeiterkindes zu einem praktizierenden Arzt, der sich durch wissenschaftliche Arbeiten zum Hochschullehrer qualifizieren konnte.) Als Mobilität zwischen den Generationen (<u>Intergenerationen-Mobilität</u>) bezeichnet man die Bewegung in der Generationsfolge. (Beispiel: Der Großvater ist Arbeiter, der Vater wird Volksschullehrer, der Sohn Arzt und der Enkel Professor).

2. Sozialer Wandel

Heute gehört der Soziale Wandel zu den Grundbegriffen in der Soziologie, denn es ist unbestritten, daß alle sozialen Erscheinungen eine historische Dimension besitzen und unter dem Gesichtspunkt ihrer Veränderbarkeit betrachtet werden müssen. Keine Gesellschaft bleibt immer gleich, jede ist einem Wandel unterworfen.

Mit der Schnelligkeit des Sozialen Wandels in unserer Zeit wird uns heute mehr als früher bewußt, daß sich um uns herum ständig soziale Veränderungen vollziehen. Noch vor einigen Jahrhunderten wurde die Gesellschaft als stabil und gefestigt gedeutet. Unbeweglichkeit und feste Ordnung der zwischenmenschlichen Beziehungen waren gleichsam "göttliche Prinzipien". Eine generelle positive Neubewertung erfuhr der Soziale Wandel, als er zwischen zwei Generationen bzw. innerhalb einer Generation zu bewältigen war. Immer mehr Individuen wurden zu einer Neuorientierung an eine sich stets wandelnde Umwelt gezwungen. Das Wissen um die Eigengesetzlichkeit der Gesellschaft, welche plötzlich nicht "gottgegeben" ablief, war in jener Zeit (18. Jahrhundert) die

Voraussetzung für die Entstehung der Soziologie.

Für unsere heutige Gesellschaft lassen sich als Merkmale, die den Sozialen Wandel im Gegensatz zur vorindustriellen Zeit veranschaulichen, folgende Punkte als die wesentlichen herausarbeiten, die insgesamt zu größerer Verhaltensunsicherheit der einzelnen Mitglieder führen: (5)

- eine enorme Vermehrung des Wissens
- Verbreitung von Information
- weitgehende Arbeitsteilung
- Verstädterung
- Bürokratisierung
- Vordringen der Dienstleistungsberufe

All diese aufgeführten Aspekte finden ihren Niederschlag in den verschiedensten Begriffsbestimmungen von Sozialem Wandel. Wir wollen hier nur zwei Definitionen beispielhaft anführen.

Def. 1: "Sozialer Wandel bedeutet das Insgesamt von Veränderungen einer Gesellschaft in Hinblick auf: ihre Struktur, ihre Umwelt, das Gefüge von Positionen, Rollen und Status, das Interaktionsnetz der Mitglieder, die Rangskala der herrschenden Werte, etc. Den Veränderungen einzelner Phänomene und Teilbereiche steht der Wandel eines sozialen Systems als ganzes gegenüber." (6)

Def. 2: "Wir definieren einen Wandel in der Struktur eines sozialen Systems als Wandel seiner normativen Kultur. Wenn wir die oberste Ebene sozialer Systeme betrachten, handelt es sich um einen Wandel des gesamtgesellschaftlichen Wertsystems." (7)

Wenn man den Inhalt der letzten Definition betrachtet, müßte man eigentlich richtiger nicht von Sozialem Wandel, sondern von einem "sozio-kulturellen" Wandel innerhalb des Wirkungszusammenhangs "Gesellschaft" sprechen. Von einigen Soziologen wird auch zwischen Sozialem Wandel und Kulturwandel unterschieden. Wir beschränken uns jedoch auf die Darstellung des Sozialen Wandels. Hierzu scheint uns die erste Definition angemessener, da sie umfassender ist. Sie beinhaltet neben einer Veränderung der vorherrschenden kulturellen Werte und Normen auch eine Änderung struktureller Elemente des Systems.

2.1. Ursachen für Sozialen Wandel

Wir kennen alle irgendeine Art von Sozialem Wandel, z. B.: Wandel der Rolle der Frau, Wandel der Arbeitsbedingungen, Strukturwandel des Bildungswesens usw. Es ist nun wichtig zu fragen, welche Ursachen solche Veränderungen hervorbringen bzw. welche Gesetzmäßigkeiten für einen Wandel man beobachten kann. Es ist weiter anzunehmen, daß nicht ein einziger Umstand allein einen Wandel verursacht, sondern eine ganze Anzahl von Umständen und Verhältnissen notwendig sein muß, um den Wandel zu ermöglichen und herbeizuführen. Man unterscheidet zwischen exogenem und endogenem Wandel, wobei es aber schwierig bleibt, äußere und innere Ursachen und Momente für Sozialen Wandel eindeutig bestimmen zu können.

a) Allgemein bezieht sich der endogene Wandel auf Ursachen, welche sich aus der Reaktion der Menschen entweder auf gesellschaftliche oder auf Bedingungen der natürlichen Umwelt ergeben. Eine Ursache z. B. für die Rollenumwandlung der Frau ist in der zunehmenden Industrialisierung und in der damit notwendigen beruflichen Tätigkeit der Frau zu sehen. Für den Wandel der Arbeitsbedingungen sind neben Industrialisierung und Arbeitsteilung auch die Zusammenschlüsse der Arbeiter in Gewerkschaften verantwortlich. Sie geben ein Beispiel für gesellschaftliche Konflikte, die alte Teilstrukturen der Gesellschaft durch neuere ersetzen können. (8) Der Strukturwandel des Bildungswesens läßt sich u. a. erklären mit der Verlagerung von Erziehungsfunktionen aus der Familie in staatliche Verantwortung (vgl. Kapitel "Familie"). Außerordentlich bedeutsam für den Sozialen Wandel sind technische Erfindungen und Entdeckungen sowie ideelle Schöpfungen (philosophische Theorien bzw. humane Forderungen nach "Brüderlichkeit", "Gleichheit", "Freiheit", vgl. Französische Revolution). Besonders die Einführung der Technik spielt für die heutigen Erscheinungen des Wandels eine wichtige Rolle.

b) Unter **exogenem Wandel** versteht man einen Wandel, dessen Ursachen nicht unmittelbar gesellschaftlicher Natur sind. (9) Jede Gesellschaft hat im allgemeine Außenkontakte, seien diese nun freiwillig oder unfreiwillig (Kriege, Wirtschaftsbeziehungen, kulturelle Kontakte). Diese exogenen Faktoren bewirken einen Anstoß für Umwälzung von außen auf ein soziales System.

Lange Zeit glaubte man, daß der Soziale Wandel zwischen den beiden Weltkriegen ein überaus schneller und tiefgreifender gewesen sei. Heute kann man jedoch eine noch schnellere Abfolge von Wandlungsprozessen in der sog. Dritten Welt beobachten. Kriege, Revolutionen, Vertreibungen ganzer Völkerstämme, Alphabetisierung, Aufnahme politischer Ideen, Verstädterung, Industrialisierung, Teilhabe an Konsum und Information, Teilnahme an politischen Wahlen, all das sind Auswirkungen fremder Kulturen (z.B. der europäischen Tradition), die Sozialen Wandel in diesen Ländern von außen bewerkstelligen konnten.

Die beschriebenen Arten von Sozialem Wandel erklären noch nicht, warum Wandel grundsätzlich oder überhaupt möglich ist. Als eine Voraussetzung ist die Bestimmung des Menschen als "weltoffenes" Wesen (vgl. Kapitel "Sozialisation", Punkt 1.1.) anzusehen, wobei der einzelne als nicht "festgestelltes" Individuum in seine Umwelt eingreifen, sie bis zu einem gewissen Grad beherrschen kann. Diese Gegebenheiten sind zwar Voraussetzung für den Wandel, bringen ihn aber selbst noch nicht hervor. Dazu bedarf es besonderer Anstöße, die mit Begriffen wie "soziale Mobilität", "Normensystem" und "Institution" (s. u.) zusammenhängen. Die Art und Weise dieser Anstöße wird bestimmt von der aktiven Offenheit der Gesellschaft, von der Bereitschaft zu Neuerungen. "Je offener ein Gesellschaftssystem ist, desto mehr wird es den Wandel zulassen, ja sogar fordern..."(10)

2.2. Auffassungen von Sozialem Wandel

Beinahe alle Theorien über den Sozialen Wandel gehen heute davon aus, daß Sozialer Wandel die Veränderung sozialer Strukturen, Normen und Werte bedeutet. Dabei muß man die vorher bestehenden verhältnismäßig stabilen Zustände kennen, um überhaupt einen Wandel oder eine Entwicklung erklären zu können. "Die Besonderheiten bedeutsamer Wandlungsprozesse könnten nicht einmal identifiziert werden, wenn es nicht einen relativ stabilen Hintergrund gäbe, auf den sie bezogen werden können." (11) Insofern hängen Struktur und Prozeß voneinander ab.

Die erste soziologische Erklärung für Sozialen Wandel ist die "cultural lag"-Theorie. Unter "cultural lag" versteht man eine "kulturelle Phasenverschiebung", eine "Kulturverspätung". Dieses kulturelle Loch kann zustande kommen, wenn die immaterielle Kultur (Verhaltensmuster) nicht Schritt halten kann mit den Veränderungen der materiellen

Kultur, die sich bedingt durch die Technik schneller wandelt. Die "cultural lag"-Theorie betont also, daß die komplexe soziale Umwelt sich schneller ändert als die Verhaltensmuster, die ihr entsprechen sollen. So führte z. B. die Industrialisierung dazu, daß die Frau massenweise zur Fabrikarbeit benötigt wurde, ihr Rechtsstatus aber änderte sich erst sehr viel später. (12) Dadurch daß der technische "Fortschritt" schneller und umfangreicher geworden ist, treten auch häufiger "Verspätungen" auf, welche zu einem Zustand der "Unangepaßtheit" führen können.

Insgesamt lassen sich die verschiedenen Ansätze, welche Sozialen Wandel theoretisch zu beschreiben versuchen, in zwei Richtungen zusammenfassen.

2.2.1. Zielgerichteter Ansatz

Dieser Ansatz bestimmt Sozialen Wandel als Entwicklung und gesellschaftlichen Fortschritt. Er kommt einer geschichtsphilosophischen Deutung der Entwicklung der Menschheitsgeschichte nahe. Zahlreiche Fragen (Wie ist die Geschichte bisher verlaufen? An welcher Stelle befindet sich die Gesellschaft im Entwicklungsprozeß? Wo steuert sie hin? Wie ist die Richtung der zukünftigen Entwicklung? (13)) deuten darauf hin, daß der gegenwärtige Zustand als Krise empfunden wird, und es eine humanere Zukunft nicht als Wunschvorstellung, sondern als eine Notwendigkeit zu erstreben gilt. Eine solche Vorstellung einer Gesellschaft mit "endzeitlichem Charakter" hat z. B. auch Marx entwickelt. "Die Geschichte aller bisherigen Gesellschaften sei die Geschichte von Klassenkämpfen - und diese Geschichte sei noch nicht beendet. Der gegenwärtige Klassenkampf führe notwendig zur Diktatur des Proletariats, zur Aufhebung aller Klassen und zur Beseitigung aller Krisen." (14)

Eine derartige Auffassung geht von universalen Bewegungsgesetzen in der Geschichte (also auch für die Gesellschaft) aus. Ein so verstandenes naturgegebenes Gesetz schreibt vor, daß sich die Entwicklung zu einer "vernünftigen" Gesellschaftsform unaufhaltsam abzeichnet.

Der Nachteil einer universalistischen Deutung Sozialen Wandels ist, daß sie sich erfahrungswissenschaftlich nicht überprüfen läßt. Die nähere Bestimmung der Ursachen für soziale Veränderungen bleibt problematisch. Außerdem erscheint für viele Kritiker die Tatsache fragwürdig, daß ein gewünschter Zustand für die Zukunft als richtungsweisend erklärt wird. Dieser gewünschte Zustand einer Gesellschaft ist dann "gut, richtig, wertvoll, nützlich, natürlich" usw., er beinhaltet mithin eine Wertung. Die Deutung, daß eine zukünftige Gesellschaft sozialefortschrittlicher sein könnte, macht diesen Ansatz zumindest "verdächtig". Neben der wissenschaftlichen Auseinandersetzung darüber, wer denn überhaupt bestimmen kann, was als fortschrittlich zu gelten hat, wird inzwischen auch die Fragwürdigkeit des Fortschritts, speziell in technischer Hinsicht, diskutiert. Man ist kritisch geworden gegenüber einem "uferlosen" Fortschrittsdenken.

2.2.2. Analytischer Ansatz

Diese zweite Auffassung beschreibt Sozialen Wandel als eine Veränderung der Sozialstruktur in der Zeit und sieht dabei von der Ursache und der Richtung der Veränderung ab. Sie enthält sich also jeder Wertung. Hier ist die Gesellschaftsstruktur (Sozialstruktur) von besonderem Interesse. Das Wort "Struktur" meint in diesem Zusammenhang ein relativ dauerhaft zusammengesetztes Etwas, welches die Zeit in seinem "Aufeinanderbezogensein" überdauert. Die soziale Struktur stellt das innere Gefüge einer Gesellschaft dar,

das zugleich die Regelmäßigkeit des sozialen Handelns und
damit die geltende Ordnung von sozialen Bedingungen wider-
spiegelt. (15)

Die **Strukturanalyse** eines "Gesellschaftstyps" (z. B. einfache Gesellschaft, Hochkultur, industrielle Gesellschaft)
wird in Zusammenhang gebracht mit einer **Funktionsanalyse**.
Nicht nur die strukturellen Züge gesellschaftlicher Beziehungen werden untersucht, sondern es werden auch die Bewe-
gungen der gesellschaftlichen Einrichtungen und die Abläufe
sozialer Handlungen auf ihre Funktion hin befragt. "Funktional"
im Sinne des analytischen Ansatzes nennt man das, was dazu
beiträgt, die gegebene Sozialstruktur zu erhalten, "dysfunktional" das, was sie gefährden könnte.

Diese "strukturell-funktionale" Betrachtungsweise ist weit
verbreitet, aber auch heftig umstritten. Der Hauptvorwurf
besteht darin, daß diese Methode nicht die Entwicklung
bis zur heutigen Ausübung von Macht und Herrschaft der
einzelnen gesellschaftlichen Gruppen aufzeigen kann. Sie
diene lediglich der Erhaltung des "Gleichgewichts" der
Gesellschaft und fördere deren Stabilisierung. Für diese
Methode ist es charakteristisch, daß sie zwar die verschiedenen Funktionen der gesellschaftlichen Institutionen
in ihrer Verbindung mit der Sozialstruktur aufzeigt, aber
dabei das Auseinanderfallen von struktureller und histori-
scher Analyse in Kauf nimmt. Denn: Eine Aussage über die
Struktur einer Gesellschaft bedeutet eine "Momentaufnahme".
Diese Aufnahme ähnelt einem Schnitt durch die Gesamtgesellschaft zu einem gegebenen Zeitpunkt und sieht von einer ver-
ursachenden Entwicklung bis zu _dem_ Moment der Bestandsaufnahme bewußt ab. D. h. die beschriebene Methode schildert
den Zustand, deckt jedoch keine Ursachen auf. So wird
den sozialökonomischen Grundlagen der Gesellschaft zu wenig
Bedeutung beigemessen, was die Strukturen und Funktionen von
sozialen Gebilden grundsätzlich entstellen kann. (16)

Ein weiterer wichtiger Gesichtspunkt in der Diskussion um
diesen Ansatz ist die Frage der Einordnung von sozialen
<u>Konflikten</u>. Eine an Gleichgewichtsvorstellungen interessierte
Struktur- und Funktionsanalyse kann Konflikte immer nur als
störend und die Stabilität gefährdend betrachten. Andere
Soziologen wiederum sehen Konflikte als interne Vorgänge,
die sich dabei auch noch positiv auf die bestehende Ordnung der Gesellschaft auswirken können. (17) Schließlich
gibt es eine dritte Gruppe von Wissenschaftlern, die Konflikte sogar als Antriebskräfte für Sozialen Wandel verantwortlich machen.

Insgesamt ist die Annahme eines stabilen Gleichgewichts für
die Gesellschaft problematisch. Der eingebildete Zustand
von gleichgewichtigen Kräften in unserer Gesellschaft verfehlt mit Sicherheit bedeutsame Teile der Wirklichkeit.

Die beiden Ansätze zur Erklärung von Sozialem Wandel sollen
in dem folgenden Schaubild (XXIII) zusammenfassend wiederholt
werden:
(siehe S. 136)

Exkurs: Institution

Der Soziale Wandel selbst ist grundsätzlich unbegrenzt. Er
wird jedoch durch "institutionale" Grenzen gebremst. Nur
langsam passen sich im allgemeinen die Individuen neuen Wand-
lungen an. Hinzu kommt, daß bestehende gesellschaftliche
Institutionen aus sich heraus einen beharrenden Einfluß auf
den Sozialen Wandel ausüben können. (18)

Der Begriff der Institution ist nur schwer zu bestimmen,
da er äußerst vieldeutig und nicht einheitlich verwendet
wird. Merkmale, die in jedem Falle dazugehören, sind u. a.
die Zweckgerichtetheit, die Beständigkeit und die Orientierung

Schaubild (XXIII)

Zwei Zugriffsweisen für das Phänomen des Sozialen Wandels

<u>zielgerichteter Ansatz</u>　　　　　　　　　<u>analytischer Ansatz</u>
(historische Methode)　　　　　　　　　　(kausale Theorie)

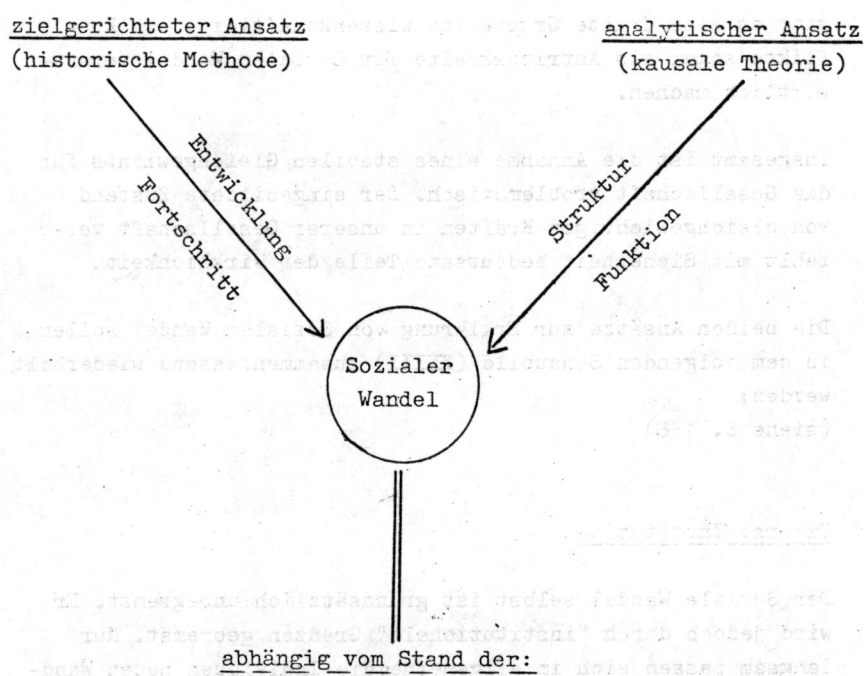

　　　　　Entwicklung　　　　　　Struktur
　　　　Fortschritt　　　　　　　　　Funktion

　　　　　　　　　(Sozialer Wandel)

　　　　　　　　abhängig vom Stand der:
　　　　　　　　　　Mobilisierung
　　　　　　　　　　Industrialisierung
　　　　　　　　　　Demokratisierung
　　　　　　　　　　Sozialisierung

an Werten und Normen. Zweckgerichtet sind Institutionen insofern, als sie der Befriedigung sozialer Bedürfnisse dienen. Relativ beständig sind sie, weil die Verhaltensmuster zu Traditionen werden können. Und an Werten und Normen orientiert sind sie deshalb, weil sie Regeln für menschliches Handeln verbindlich vorschreiben. (19)

Institutionen kommen in verschiedenen Bereichen vor, im gesellschaftlichen z. B. als Verhaltensvorschriften für Ehe, Familie und in der Freizeit. Im politischen Bereich sind es Spielregeln für die politische Macht und für die Erhaltung der Ordnung. Im wirtschaftlichen Bereich regeln sie Eigentum, Güterverteilung und Berufsausbildung, während sie im kulturellen Erziehungsvorstellungen, künstlerische und religiöse Maßstäbe beinhalten. (20)

Aus alledem ergibt sich als Begriffsbestimmung für Institution.

Def.: Sie ist eine bestimmte Regel, die in einer Gruppe oder Gesamtgesellschaft kulturell gültig ist. Sie kann auch eine bestimmte Form des Verhaltens sein, auf deren Einhaltung Wert gelegt wird. Eine Institution ist mithin kein wirkliches soziales Gebilde, "sondern ein Richtmaß, ein leitbildhafter Rahmen, dem Normen und Ordnungsvorstellungen für die Gestaltung des gesellschaftlichen Zusammenlebens zugrunde liegen". (21)

Eine derartig definierte "Institution" darf nicht verwechselt werden mit einer Einrichtung organisatorisch-bürokratischer Art, wie es z. B. Ämter und staatliche Stellen sein können. Dafür ist der Begriff der "Organisation" zutreffender. Denn einer Organisation kann man sich als Mitglied freiwillig anschließen, einer Institution dagegen kann man nicht angehören. Ihr ist man ausgeliefert und unterworfen, man ist von ihr "betroffen". (22) So sind z. B. die Ehe und die Kirche Institutionen, die Familie Meyer und die evangelische Gemeinde einer bestimmten Großstadt dagegen nur Organisationsformen der dahinterstehenden allgemeinen Institutionen.

Die Bedeutung der Institutionen wird dadurch klar, daß soziales Handeln erst "durch Institutionen hindurch" wirksam werden kann. Sie geben dem Verhalten der Individuen Sicherheit und entlasten den einzelnen von der "mühsamen Erfindung anständigen Verhaltens, weil sie (die Institutionen - d. V.) es schon vorgeformt und vorentschieden darstellen, und sie prämieren dieses anständige Verhalten mit prestigemäßigen und ökonomischen Chancen oder mit der ... Genugtuung, ... das Rechte getan zu haben". (23) Auf der anderen Seite muß aber auch beobachtet werden, daß Institutionen eine gesellschaftliche Unbeweglichkeit bewirken können, die jeden Fortschritt hemmt. Nämlich dann, wenn ihre Formen sinnleer geworden sind und dennoch an ihnen festgehalten wird.

2.3. Probleme des Sozialen Wandels

Es soll nun im folgenden noch kurz auf die Problematik des Sozialen Wandels eingegangen werden. Grundsätzlich ist davon auszugehen, daß in einer Gesellschaft, in der die bestehenden Unterschiede als selbstverständlich hingenommen wurden und auch die Überlieferungen fraglose Gültigkeit hatten, der Soziale Wandel eine geringere Rolle spielte als in der heutigen Industriegesellschaft. Denn Voraussetzung für jeden Sozialen Wandel ist die Offenheit des jeweiligen Gesellschaftssystems, d. h. es muß eine Bereitschaft vorhanden sein, Neuerungen anzunehmen und sie selbst auf die Gefahr des Irrtums hin zu erproben.

Eine derart irrtümliche Erprobung von Neuerungen jeder Art glauben viele für unsere Gesellschaft feststellen zu können. So zählt zu den Problemen des Wandels moderner Industriegesellschaften einmal die Tatsache, daß die moralischen und politischen Systeme hinter den Ergebnissen des technischen und wirtschaftlichen Fortschritts nachhinken (cultural lag).

Desweiteren wird aufgrund der zunehmenden Arbeitsteilung
in einer Industriegesellschaft der einzelne immer mehr verunsichert, da er die vielfältige Aufgaben- und Rollenteilung nicht mehr durchschauen kann. Ein anderes hiermit
zusammenhängendes Problem ist die für westliche Demokratien typische Forderung nach Pluralismus. Pluralistisch
sollen vor allem die Wertsysteme sein. Eine heute jedoch
fast nicht mehr zu verarbeitende Vielzahl von Weltanschauungen läßt den einzelnen Menschen mit noch größerer Unsicherheit und Unduldsamkeit reagieren, d. h. er wird immer
häufiger bereit, sich Wertsystemen ganz bestimmter Weltanschauungen anzuschließen, die in sich übersichtlich und
verstehbar sind. Vergessen wird zudem bei der Forderung
nach größtmöglicher pluralistischer Interessenausprägung
der Umstand, daß nur wenige in einer Gesellschaft die
Macht bzw. einen Apparat zur Verfügung haben, ihre Interessen auch wirkungsvoll anzumelden und zu vertreten. Die
Auseinandersetzung um Pluralismus in Gesellschaften, welche
durch Macht- und Herrschaftsstrukturen weitgehend geprägt
sind, muß zumindest in diesem Sinne eingeschränkt werden.
Ein letztes Problem kann man mit dem Schlagwort "Sachzwang"
beschreiben. Gerade die geforderte Bereitschaft, sich den gegebenen Bedingungen im wirtschaftlichen und gesellschaftlichen
Bereich "rational" anzupassen, bringt die Gefahr mit sich,
daß sog. Sachzwänge auch für andere Lebensbereiche verbindlich werden. Das "Rationalitätsprinzip" vertritt immer die
Wirksamkeit der Leistungen bzw. der Produktion, und wenn
dieses Prinzip dann ebenfalls in anderen Bereichen gilt,
hat die Sachlogik erfolgreich "die Menschlichkeit verdrängt".(24)

3. <u>Sozialer Wandel und Medizin</u>

Das Verhältnis von gesellschaftlichem Wandel und technischem
Fortschritt der Medizin wird in der Veränderung der Morbiditätsstruktur (Erkrankungsfälle und deren Todesursachen)
besonders deutlich. Insgesamt hat dieser Fortschritt "das

Gesicht der Welt" gewandelt, denkt man z. B. nur an das
Zurückgehen der Säuglingssterblichkeit und der Infektionskrankheiten, an die Verlängerung der Lebenserwartung. (25)
Damit hat die Medizin auch dazu beigetragen, daß der Fort-
bestand der modernen Gesellschaft trotz rückläufiger Geburtenziffer gesichert bleibt.

Bis zur Mitte des 19. Jahrhunderts kannte man noch die
schweren Epidemien wie Cholera, Pocken, Fleckfieber u.a.
Es bildeten Infektionskrankheiten wie Diphterie, Tbc,
Hirnhautentzündung, Darmerkrankungen den größten Teil an
der Gesamtzahl der Erkrankungen. Allen diesen Krankheiten
stand die Medizin im großen und ganzen hilflos gegenüber. (26)
Als dann jedoch die Industrialisierung (im Sinne einer kapitalistischen Produktionsweise) zunahm, entwickelte sich auch
die medizinische Wissenschaft. Damit sind also deren Errun-
genschaften als Ergebnisse der allgemeinen sozio-ökonomischen Entwicklung anzusehen. Denn durch die zunehmende Industrialisierung war es nötig geworden, auf einmal in großer
Anzahl menschliche Arbeitskräfte zu bekommen, aber auch zu
erhalten. Ein vorzeitiger Verschleiß dieser Arbeitskräfte
mußte vermieden werden. Das war ein Gesichtspunkt für die
Intensivierung einer "Fortschrittsmedizin". (Entwicklung
der naturwissenschaftlichen Medizin mit den Entdeckungen
z. B. von Pasteur, der Schutzimpfungen u. a. gegen die
Tollwut durchgeführt hat oder Koch, der die Erreger von Tuberku-
lose und Cholera gefunden hat.) Das Prinzip für die Entdeckungen
der damaligen Medizin war, daß man davon ausging, die Verur-
sachung bestimmter Krankheiten erfolge durch bestimmte "infek-
tiöse Mikroorganismen" (Bakterien, Viren usw.). Ein anderes
Moment als treibende Kraft für die Entwicklung der Medizin
war die Tatsache, daß sich die arbeitende Industriebevölke-
rung mit der Zeit politisch immer gewichtiger organisierte.
Das soziale Elend und die unsichere Lage der Betroffenen
förderte gesundheitliche Sicherungsbestrebungen durch die
offizielle Sozialpolitik (vgl. Bismarck: Sozialversicherungs-

gesetze). Und damit war die Notwendigkeit einer weiteren
Verbesserung der naturwissenschaftlichen Medizin gegeben
(Beispiele: strenge Hygiene, Quarantäne, Massenimmunisierung
durch Impfung, Vernichtung der Erreger durch Pasteurisierung
oder Desinfektion). (27)

Die Theorie der Medizin um die Jahrhundertwende vertrat
die Auffassung einer "monokausalen Entstehung" von Krankheiten (direkte Ursachen-Wirkung-Beziehung zwischen Mikroorganismen und Krankheit). Aber diese Betrachtungsweise wurde damals bereits durch Überlegungen ergänzt,
daß die Verbreitung, die Schwere und die Dauer der übertragbaren Krankheiten nicht nur von Mikroorganismen, sondern
auch von sozialen Momenten mitverursacht sind (Ernährung,
Erziehung, Einkommen u. a.). Nicht nur der Fortschritt
der Medizin allein, sondern auch die verbesserten Arbeits-
und Lebensbedingungen der Individuen haben eine Abnahme
der damals gefürchteten Krankheiten bewirkt. (28)

Das Problem besteht heute in der Zunahme der chronischen
Krankheiten (absolute - nicht nur anteilmäßige - Zunahme
der Herzkranzgefäßerkrankungen, Herzkreislauferkrankungen,
der psychogenen Erkrankungen, Krebskrankheiten) in den
modernen Industrieländern. Der gesellschaftliche Wandel in
den letzten hundert Jahren hat eine "Vielzahl neuer Schadensfaktoren und Belastungen" für die arbeitende Bevölkerung
hervorgebracht, so daß sich die Krankheitsstruktur ändern
mußte. Die Forschungen über den Zusammenhang zwischen
gesellschaftlichen Gegebenheiten und Krankheit befinden
sich jedoch erst am Anfang. Der Zusammenhang zwischen
sozialen Faktoren und der Entstehung bzw. dem Verlauf von
Krankheiten muß noch systematischer nachgewiesen werden.
Bestimmte Krankheitserscheinungen sind jedoch schon jetzt
auf Veränderungen sozialer Umstände zurückzuführen. Deren
Krankheit verursachende Bedeutung muß ernst genug genommen
werden. So ist z. B. der Anstieg des Alkoholismus, die

Verbreitung der Drogenabhängigkeit, der stetig wachsende
Konsum von Beruhigungsmitteln (zusammen alles psychogen
bedingte Störungen) Alarmzeichen für die sowohl psychische wie auch physische Überforderung vieler Menschen.
Sie werden überfordert, sie sind überlastet durch eine
Gesellschaft, die hauptsächlich an Leistungs- und Gewinnsteigerung orientiert ist. (29)

Anmerkungen

1) Fisch, S. 56
2) vgl. a.a.O.
3) vgl. Rathgeber, S. 44
4) vgl. Fisch, S. 57 f
5) vgl. Rüegg, S. 225 f
6) Grau, S. 48
7) Parsons in Zapf, S. 13
8) vgl. Bellebaum, S. 161
9) vgl. Fisch, S. 60
10) Rüegg, S. 229
11) Parsons in Zapf, S. 11
12) vgl. Wallner, S. 143
13) vgl. Bellebaum, S. 135
14) a.a.O.
15) vgl. a.a.O., S. 142, Die hier aufgeführte Beschreibung von sozialer Struktur legt im Gegensatz zu der Bestimmung im vorigen Kapitel stärkeres Gewicht auf den Aspekt der Ordnung und des Funktionierens gesellschaftlicher Systeme.
16) vgl. Wörterbuch, S. 466
17) vgl. Bellebaum. S. 146
18) vgl. Grau, S. 51
19) vgl. Fisch, S. 38
20) vgl. Wallner, S. 112 f
21) a.a.O.
22) vgl. Rathgeber, S. 29
23) Gehlen, S. 74
24) vgl. Fisch, S. 63
25) vgl. Pflanz, S. 51
26) vgl. Geissler, S. 22 f
27) vgl. a.a.O., S. 38 f
28) vgl. a.a.O., S. 39 f
29) vgl. a.a.O., S. 41

Literatur zur Einarbeitung

Bolte, K.M., Sozialer Aufstieg und Abstieg, Stuttgart 1959

Dreitzel, H.P. (Hrsg.) Sozialer Wandel, Neuwied 1967

Parsons, T., Das System moderner Gesellschaften, München 1972

Tjaden, K.A., Soziales System und sozialer Wandel, Stuttgart 1972

Ideologie

1. Ideologienlehre

Es erweist sich als äußerst schwierig, den Begriff "Ideologie" klar zu bestimmen. Eine eindeutige Bestimmung wird durch den Wirrwarr von Meinungen besonders in den politischen Parteien unmöglich gemacht. Ideologie ist heute ein Wort, das durch den täglichen Gebrauch in Presse, Rundfunk und Fernsehem eine undurchsichtige Bedeutung bekommen hat (vgl. Vorwort). Allgemein verbindet man mit Ideologie Bestimmungen wie Ideen, Anschauungen, Denkhaltungen, Gedankensysteme u. a.

1.1. Geschichtliche Herleitung

Die großen ideologischen Systeme (Konservatismus, Liberalismus, Sozialismus) und damit verbunden die Auseinandersetzungen um sie gehen in Europa bis auf das 16. Jahrhundert zurück. Im 17. Jahrhundert wurde der Ideologiebegriff zu einer Waffe der Aufklärung. Das damalige Bürgertum kämpfte gegen die Herrschaft von Adel und Kirche. Als Ideologie bezeichneten die Aufklärer die religiösen und philosophischen Anschauungen, in denen sich die feudale Gesellschaft als natürlich, unabänderlich und gottgewollt ausgeben konnte. In der Aufklärung war Ideologie etwas, was grundsätzlich zu beseitigen war, denn der Begriff "Ideologie" war die Bezeichnung für ein "falsches Bewußtsein". (1) Die philosophischen Gedanken der damals Herrschenden waren falsche Ansichten über die Realität. Es war mithin die Wirklichkeit, auf die die Aufklärung hinwies, um die falschen Ansichten ihrer "Falschheit" zu überführen. Die Falschheit der Realität ergibt sich für die Aufklärung aus der Tatsache, daß der objektive Geist (die "Richtigkeit") durch Vorurteile gestört wird und darüber hinaus der Geist immer mit der sozialen Situation des einzelnen Menschen unlösbar verbunden zu sein scheint. "Aufklärerisch ist der

Glaube der Benutzer dieses Ideologiebegriffes an die Macht der Ratio (des Verstandes), an die Möglichkeit der Beseitigung von Ideologien durch Überzeugung und Aufklärung im Sinne des Wissens". (2)

Jedoch traf diese Lehre von der "gesellschaftsgestaltenden Kraft der Vernunft" auf den starken Widerstand von **Napoleon I.** Er formte einen völlig anderen, allerdings nicht weniger wichtigen Ideologiebegriff. Napoleon fühlte sich durch die "zersetzende Kritik der Intellektuellen" gestört und verwarf die Ideologie als eine weltfremde und nutzlose Lehre. Für ihn war "gerade der Glaube des kritischen Geistes, Gesellschaft rational gestalten zu können, Anzeichen einer Wirklichkeitsfremde und Anmaßung, die die nicht hintergehbaren, irrationalen Elemente in Gesellschaft und Politik verfehlt und eben deshalb ideologisch wird. D. h., ein jedes Bewußtsein, das die politisch-soziale Wirklichkeit durch Kritik aufzuklären und dann nach rationalen Entwürfen zu gestalten trachtet, steht ... im Verdacht der Ideologie". (3) Durch Napoleon erhielt der Ideologiebegriff zum ersten Mal einen abwertenden Beigeschmack, er wurde zu einer "anti-aufklärerischen Gegenposition". Diese Deutung von Ideologie gilt weitgehend auch heute noch, wenn im Namen einer Realpolitik jede theoretische Kritik an der Gesellschaft als weltfremd oder utopisch verdächtigt wird.

Sowohl die Aufklärung wie auch Napoleon bestimmten Ideologie als falsches Bewußtsein. Auch für **Marx** ist der Begriff, den er wohl in der Ideologienlehre am nachhaltigsten prägte, ebenfalls falsches Bewußtsein von der Wirklichkeit. Für ihn gibt es eine Verbindung von Geist und Gesellschaft in der Geschichte, was in einem sog. "historischen Bewußtsein" zur Geltung kommt. Jedoch verursachen bei Marx nicht die einzelnen Individuen das falsche Bewußtsein, sondern die Gesellschaft selbst, "die aus objektiven Gründen ihrer geschichtlichen Situation nicht zum Bewußtsein ihrer eigenen Wahrheit hindurchzufinden vermag. Ideologie ist der Geist als Rechtfertigungszusammenhang einer Gesellschaft, die dieser Rechtfertigung bedarf, in dieser Rechtfertigung jedoch notwendig ihre eigene Wahrheit verfehlt, wenn sie ihre ... (tatsächlichen Gegebenheiten) unbefragt als Norm und Erfüllung legitimiert". (4) D. h. das falsche oder verkehrte Bewußtsein hat die Tendenz, die gesellschaftlichen Zusammenhänge verkehrt, verzerrt und falsch zu deuten, da es der "wahren Entwicklung" der Geschichte (im marxistischen Sinne) entgegensteht. Die Menschen verfallen solange notwendig einem falschen Bewußtsein, wie sie z. B. glauben, mit der Forderung nach formaler Gleichheit sei auch eine reale Gleichheit gegeben und wie sie glauben, daß die tatsächlichen Widersprüche der bürgerlichen Gesellschaft überwunden werden können, wenn sich diese Gesellschaft ihre eigenen widerstreitenden Auffassungen nur einsichtig zu vergegenwärtigen vermag. (5)

Das Schaubild (**XXIV**) zeigt die o. a. Unterschiede in der Verwendung des Ideologiebegriffs.
(siehe S. 147)

1.2. Marxistische und bürgerliche Ideologie

Es ist nicht zu übersehen, mit welcher Hartnäckigkeit sich gerade "marxistische" und "bürgerliche" Wissenschaftler gegenseitig vorwerfen, sie wären Ideologen. Meistens glaubt man, damit den anderen der Ideologiehaftigkeit des Denkens bezichtigen zu können. Woraus erklärt sich aber die Heftigkeit, mit der dieser Streit geführt wird? Es gibt drei Gründe für die besondere Schärfe der Auseinandersetzung: (6)

Schaubild (XXIV)

Geschichtliche Herleitung des Ideologiebegriffes

Aufklärung	Napoleon	Marx
Ideologie	**Ideologie**	**Ideologie**
ist falsches Bewußtsein	ist falsches Bewußtsein	ist falsches Bewußtsein als gesellschaftliche Rechtfertigungslehre
wird hervorgerufen durch Vorurteile (Störung des Geistes)	wird hervorgerufen durch Glaube an kritischen Geist	wird hervorgerufen durch falsche soziale Verhältnisse
soll nicht aus Vernunft begründete Macht rechtfertigen	soll rationale Kritik als wirklichkeitsfremd oder weltfremd verdächtigen	soll gesellschaftliche Herrschafts- und Klassenverhältnisse aufrechterhalten
Ideologie ist durch Aufklärung zu beseitigen	Ideologie wird durch politisches Handeln in der Praxis überwunden	Ideologie ist solange nicht zu beseitigen, wie die Gesellschaft der Rechtfertigung bedarf
Beschäftigung mit der Ideologie fördert Erkenntnis- und Sozialkritik	Beschäftigung mit der Ideologie hemmt Erkenntnis- und Sozialkritik	Beschäftigung mit der Ideologie fördert die Kritik an scheinbar unveränderbaren gesellschaftlichen Verhältnissen

- Zum einen bringt der Ideologiebegriff die gemeinten Gegenstände, Erscheinungsformen und Zusammenhänge des ideologischen Streites klar zum Ausdruck, sei es nun verallgemeinernd oder zusammenfassend.
- Zum anderen wird die Frage wichtig, woher überhaupt eine bestimmte Idee kommt. Die soziale Vernunft und soziale Gebundenheit derjenigen (Menschen, Gruppen, Klassen), welche eine Idee in einer Gesellschaft ausgearbeitet haben, werden somit bedeutungsvoll.
"... der Nachweis, daß diese oder jene These, diese oder jene Meinung einen bestimmten ... Standpunkt zum Ausdruck bringt, aus ihm geboren ist ... geht als höchst wirksames ... Argument direkt in die Auseinandersetzung ein."
- Und schließlich spielt die Frage nach der Wahrheit bzw. Falschheit der gesellschaftlichen Ideen eine zentrale Rolle. Inwieweit gibt es eine bestimmte Bedingung dafür, daß Aussagen über eine gegebene Wirklichkeit diese auch von vorn herein richtig oder falsch widerspiegeln?

a) Bei Marx haben wir gesehen, daß für ihn das ideologische Denken nicht unveränderbar mit der menschlichen Vernunft zusammenhängt, sondern vielmehr im Gegenteil eine unabänderliche Folge der falschen sozialen Verhältnisse ist. Der Ausgangspunkt besteht in der These, "daß die gesellschaftlichen, politischen, rechtlichen, moralischen Vorstellungen einer bestimmten Klasse oder gesellschaftlichen Ordnung ein ganzes System ideologischer Verhältnisse bilden, daß diese nichts anderes sind als ein Überbau über den materiellen gesellschaftlichen Verhältnissen der Menschen ..." (7) Der Widerspruch zwischen gesellschaftlicher Produktion und privater Aneignung, verdeutlicht an der Auseinandersetzung von Arbeit und Kapital, hat demnach in unserer Gesellschaft die Ideologie zur Folge. So ist das Selbstverständnis der bürgerlichen Gesellschaft ideologisch. Es bedarf nach Marx einer Verschleierung der Widersprüche über die gesellschaftliche Wirklichkeit, damit die falschen sozialen

Umstände der Gesellschaft nicht aufgedeckt werden können. Allerdings gibt es noch einen anderen Gesichtspunkt des marxschen Ideologiebegriffs. Alle Formen der Politik, Kunst, Religion und Philosophie entsprechen den zugrundeliegenden Mustern und Strukturen der sozio-ökonomischen Basis (vgl. der historische Materialismus als Motor für Bewegung und Entwicklung der Gesellschaft). Da aber das menschliche Denken grundsätzlich durch die materiellen Umstände geprägt ist, also auf die materielle Basis angewiesen ist, muß es insgesamt ideologisch, d. h. falsch sein, wenn vorausgesetzt wird, daß die materiellen (sozialen) Verhältnisse einer Gesellschaft "falsch" sind. (8)

In einer Klassengesellschaft ist Ideologie der Sammelbegriff für gesellschaftliche Anschauungen einer bestimmten Klasse, die ihre Interessen zum Ausdruck bringt. "Die Gedanken der herrschenden Klasse sind in jeder Epoche die herrschenden Gedanken, d. h. die Klasse, welche die herrschende materielle Macht der Gesellschaft ist, ist zugleich ihre herrschende geistige Macht." (9) Allgemein verstehen Marxisten unter Ideologie ein Gedankengebäude, das sich zwar auf die sozialen Gegebenheiten bezieht, aber dessen "Unwahrheit, Halbwahrheit oder Unvollständigkeit" auf eine Befangenheit der Mitglieder einer Gesellschaftsgruppe zurückzuführen ist. Es ist selbstverständlich, daß nach dieser Auffassung Ideologie immer etwas "mit den objektiven Bedingungen für das Erkennen der sozialen Wirklichkeit durch ... Individuen und Klassen zu tun" hat. (10) Ideologie so verstanden als Wissenschaft darf sich nicht darauf beschränken, die soziale Wirklichkeit zu erkennen, sondern sie muß sie vielmehr verändern wollen. Das Ziel, eine bessere und vernünftigere Gesellschaftsform zu erreichen, ist die Grundvoraussetzung marxistischen Handelns und Denkens.

b) Für die <u>bürgerlichen</u> Wissenschaftler der <u>positivistischen</u> Richtung ist es unvereinbar, daß Ideologie mit Wissenschaft gleichgesetzt wird. Ein bestimmtes System von Ideen, Anschauungen, Überzeugungen und Idealen kann nicht die Grundlage für eine Wissenschaft sein. Deshalb kann es auch keine "wahre" oder wissenschaftliche Ideologie geben. Das heißt natürlich auch, daß Eigenschaften wie "wahr" und "wissenschaftlich begründet" für die eigene Ideologie nicht mehr in Anspruch genommen werden können. Ideologie ist hier immer gleich Wertung und wird der Wissenschaft und Erkenntnis generell gegenübergestellt. Wenn also weltanschauliche Aussagen, Parteinahmen u. a. unter dem Begriff "Ideologie" zusammengefaßt in das "Reich des Glaubens" abgeschoben werden können, so müssen sie als subjektive, nicht begründbare Wertungen der wissenschaftlichen Erkenntnis von sozialen Gegebenheiten entgegengesetzt werden. Auch die mit der Ideologietheorie verbundene Auseinandersetzung um die Werturteilsproblematik weist darauf hin, daß die einen Wissenschaft und Wertung grundsätzlich voneinander trennen wollen, wohingegen die anderen darin "einen unzulässigen Rückzug" der Sozialwissenschaften sehen. Die Forderung nach Wertfreiheit wird durch die Marxisten kritisiert, weil sie von den tatsächlichen Problemen des gesellschaftlichen Lebens, der Entgegensetzung von Klassenkräften, Interessen und Gesellschaftsordnungen ablenken hilft. (11)

Neben dieser positivistischen Auffassung, die die Ideologie in den vorwissenschaftlichen Bereich wissenschaftlichen Arbeitens abdrängt, gibt es eine weitere Richtung in der bürgerlichen Soziologie, die einen anderen Ansatz gegenüber dem Problem der Ideologie verfolgt, die <u>Wissenssoziologie</u>. Die Anhänger dieser Richtung verkennen nicht die soziale Bedingtheit des Wissens, die sich aus dem Standort des einzelnen Wissenschaftlers ergibt. Sie betonen,

daß sich daraus Grenzen der Erkenntnisfähigkeit bis
hin zur Entstellung und Verzerrung ergeben können.
Deshalb ist es Aufgabe eines jeden "redlichen" Wissenschaftlers, sich seiner "Seinsgebundenheit" bewußt zu
werden und dieser in etwaigen wissenschaftlichen Ergebnissen Rechnung zu tragen. Man kann dieser Auffassung
bis hierhin zustimmen, schwer wird es jedoch, die
Schlußfolgerung nachzuvollziehen, daß die objektivste
Erkenntnis sozialer Zusammenhänge nur einer möglichst
"freischwebenden" Schicht von Intellektuellen gelinge.

Die Auseinandersetzungen zwischen den verschiedenen Ideologien verändert zwangsläufig ihren Inhalt. Es kommt allgemein zu einer Vereinheitlichung miteinander verwandter
Auffassungen und zu einer Verschärfung entgegengesetzter
Positionen. Wenn man die Gegensätze bzw. Widersprüche
in einer Gesellschaft verdeutlichen und auch austragen
will, so wird man für seine Ideologie eine möglichst große
Zahl von Anhängern finden müssen. Jedoch wird diese Notwendigkeit immer auch eine gewisse Vereinfachung der Begründung für eine Ideologie nach sich ziehen. Die Argumente sollen möglichst viele ansprechen. So kann es geschehen, daß im Laufe der Zeit eine Ideolgie "inhaltsarmer Formeln mit starken Gefühlswerten" entsteht und an
die Stelle von Bestandsaufnahme und Rechtfertigung der
sozialen Umstände eine Theoriebildung tritt, die von gefühlsmäßigen Antriebskräften abhängt und teilweise aus
Mutmaßungen besteht. (12)

2. Der Ideologiebegriff

Aus der Vielzahl von Definitionsversuchen über "Ideologie"
haben wir nur wenige zusammengestellt: (13)
- Ideologie ist ein Modell von Glaubensansätzen.
- Ideologie ist ein Irrtum, da sie von der gesellschaftlichen Wirklichkeit abweicht oder diese verzerrt.

- Ideologie ist "erfüllt von Mißtrauen, aggressiv, sie (untergräbt) bestehende politische Institutionen, sie ist dogmatisch, doktrinär, totalitär und futuristisch".
- Ideologie ist "etwas Zweifelhaftes, das man überwinden und aus dem Denken verbannen sollte".
- Ideologie ist eine "radikale intellektuelle Entartung".

Wenn man diese aufgeführten Definitionen zusammenfaßt, so steht Ideologie gleichbedeutend für etwas Negatives und Falsches. Diese Aussagen jedoch über Ideologie sind nicht nur Ausdruck einer bestimmten Weltanschauung, sondern eher ein Beweis für die Absicht, einer vernünftigen Diskussion aus dem Wege zu gehen.

2.1. Ideologie und Realität

Einen Sinn erhält der Begriff "Ideologie" erst, wenn man ihn der "Realität" gegenüberstellt. Es ist unmöglich, Realität und Ideologie als zwei voneinander gänzlich verschiedene Bereiche zu betrachten. "Denn was für uns Realität ist, das ist für den anderen Ideologie, und umgekehrt." (14) Jede Erörterung der Beziehungen zwischen Ideen und tatsächlicher Wirklichkeit muß klar machen, woher diese Ideen kommen, und wie sie entstanden sind.

Man kann davon ausgehen, daß eine bestimmte Anschauung so ohne weiteres nicht als "ideologisch" eingestuft werden darf. Es ist klar, daß bestimmte Ansichten nicht ausschließlich der einen Seite oder der anderen gehören, sondern daß das, was man "ideologisch" nennt, zum großen Teil abhängig ist von dem "historischen Wandel der Wortbedeutungen". So waren und sind Bezeichnungen wie konservativ, liberal, demokratisch, sozialistisch u. a. einem Prozeß unterworfen, an dem wir gut die jeweiligen politischen Machtverlagerungen ablesen können. In diesem Wirrwarr von Bedeutungsunterschieden und Abstufungen gibt es jedoch eine mehr oder weniger

gleichbleibende Beschreibung für das Gegensatzpaar
Ideologe und Realist. Danach ist - unabhängig von der
diskutierten Weltanschauung - der Ideologe ein Mensch, der
sich fest an eine Lehre gebunden fühlt und seinen Überzeugungen treu ist, der kompromißlos, prinzipientreu und begeistert seine Idee vertritt, der voller Hoffnung auf eine
vernünftige Lösung ist, weil er glaubt, was er sagt. Der
Realist dagegen ist prinzipienlos, stets auf das Machbare
ausgerichtet, vorsichtig und allzu leicht bereit, sich den
Gegebenheiten ("Sachzwängen") anzupassen. "Er blickt nicht
weiter in die Zukunft, als sich nach den vorliegenden Anhaltspunkten rechtfertigen läßt." (15) Diese Liste von entgegengestellten Bestimmungen läßt sich beliebig ergänzen,
jedoch bringen uns die aufgeführten Zuordnungen nicht weiter.
Man kann Ideologie nur definieren (wenn auch hier erst vorläufig), wenn die Ideen, Ansichten, Anschauungen der Individuen im Zusammenhang der Gesamtgesellschaft gesehen werden.
Immer gehört auch zum Begriff der "Ideologie" derjenige, der
ihn verwendet. So ist Ideologie erst einmal "als Ausdruck
der Absichten einer sozialen Gruppe zu fassen. Damit erkennen wir an, daß die eigene Einschätzung der Ideologie mit
ins Spiel kommt, ob man ihre Zwecke nun für sinnvoll hält
oder nicht." (16) An die Stelle der Begriffe "Absicht" oder
"Zweck" könnte man auch das Wort "Interesse" setzen, welches
in einer engen Beziehung zu dem der Ideologie steht. Das
bedeutet, daß Ideologien keine "versteckten Beschreibungen"
der Gesellschaft sind, sondern bei Ideologien handelt es sich
immer um "echte Beschreibungen" der Gesellschaft, natürlich
von einem ganz bestimmten Blickpunkt aus. Die möglichen
Blickpunkte aber sind vielfältig und zahlreich, d. h. unser
eigener Gesichtspunkt ist nur einer von vielen unter den
gleichzeitig anderen, sogar entgegengesetzten Weltanschauungen. Daraus ergibt sich, daß es _die_ Realität gar nicht
gibt, sondern nur unsere Realität im Gegensatz zu der
des anderen. Und diese Realität des anderen bezeichnen wir
als Ideologie, wenn diese sich zu einer wertenden Perspektive der Gesellschaft bekennt.(17)

2.2. Ideologie und Utopie

Allgemein lassen sich Ideologien in zwei Gruppen unterteilen: Erstens kann eine Ideologie dem "Status quo" und damit den Interessen der Herrschenden dienen, und zweitens können Ideologien Ziele anstreben, die die bestehende gesellschaftliche Ordnung verändern wollen.

Die erste Art von Ideologie stellt die Realität in doppelter Weise verzerrt dar, wenn sie zum einen Unterschiede zwischen Anspruch und Wirklichkeit einer Gesellschaft nicht wahrhaben will bzw. verschweigt und wenn sie zum anderen den gegebenen Zustand beschönigt. Die zweite Art jedoch verzerrt die Wirklichkeit u. U. auch und zwar in dem Sinne, daß sie bei der Umgestaltung der bestehenden Ordnung als Ziel einen Zustand angibt, in dem die angestrebte menschliche Gesellschaftsform als eine "vollkommene" ausgegeben wird. Dieser Zustand aber wird oft als utopisch bezeichnet. Eine Gesellschaft ohne "Entfremdung", in der der einzelne in Frieden und Freiheit, Gerechtigkeit und Solidarität mit seinen Mitmenschen leben kann, ist immer schon ein "sozialer Traum" des Menschen gewesen. Nur daß dieser Traum z. B. bei den einen (Christen) "Garten Eden", "Himmel" heißt und bei den anderen (utopische Sozialisten des frühen 19. Jahrhunderts) "herrschafts- und klassenlose Gesellschaft". Eine Utopie hängt nämlich immer von der vorfindbaren gesellschaftlichen Wirklichkeit ab. So ist jeder derartige Vorentwurf ein Spiegelbild der Realität. Utopisches Denken hofft aber nicht nur auf Fortschritt und allgemeine Humanisierung, sondern es birgt auch die Gefahr in sich, daß wir einen Vorentwurf (die "Möglichkeit von Morgen") nicht in seiner vorläufigen und niemals endgültigen Gestalt erkennen. (18)

Wenn einerseits der Satz stimmen soll, daß jeder Revolution eine große Utopie vorausgehen muß (Comte), so bleiben wir uns andererseits der zeitlichen Begrenzung auch derjenigen

Ideologien bewußt, die in ihrem Anspruch davon sprechen, sich als überzeitlich zu verewigen. Eine "Utopie kann daher weder unreflektiert bejaht, noch einfach verworfen werden. Sie ist nie gegeben, aber stets aufgegeben." (19)

Eine Ideologie als Utopie hat zwangsläufig eine Nichtübereinstimmung mit den herrschenden Auffassungen in der Gesellschaft zur Folge. Darum erzeugen die Anhänger solcher Ideologien ein starkes Bedürfnis, "das nichtkonforme Verhalten und Denken vor sich selbst und den anderen zu rechtfertigen". (20) Die Vertreter dieser Ideologien sind ideologiebewußter und von daher meinen sie, "Antwort auf alle Fragen" geben zu müssen.

Oft wird versucht, zwischen Ideologie und Utopie streng zu unterscheiden. Das widerspricht jedoch u. E. dem oben beschriebenen doppeldeutigen Charakter von Utopie: Bei einer solchen Trennung ist die Ideologie dann in besonderem Sinne eine Denkweise, der es darum geht, die gegebene soziale Situation aufrechtzuerhalten, um somit bestehende soziale Verhältnisse bejahen zu können. Utopie ist danach zwar auch eine Betrachtungsweise mit ideologischer Ausrichtung, der es aber mehr darauf ankommt, die gegenwärtigen sozialen Umstände zu ändern. Zusätzlich wird diese Unterteilung erschwert durch die alltägliche Erörterung dessen, was Ideologie nun ist, da gerade von konservativer Seite allen fortschrittlichen, allgemein als "links" bezeichneten Ideen der Vorwurf gemacht wird, sie seien Ideologien. Eine Utopie bleibt aber immer "der ideelle Vorentwurf eines gesellschaftlichen Zustandes, wie er sein sollte". (21) Die Aufgabe einer kritischen Soziologie wird es daher sein müssen, den Gegensatz von Ideologie und Utopie wenigstens versuchsweise in einem andauernden "Selbstaufklärungsprozeß der Gesellschaft" überwinden zu helfen.

2.3. Begriffsbestimmung

Nachdem wir kurz auf das Verhältnis Ideologie und Realität bzw. Ideologie und Utopie eingegangen sind, wollen wir nun versuchen, den Ideologiebegriff unter Einbeziehung des bisher Gesagten zu bestimmen: Bei der Ideologie handelt es sich immer um Einstellungen, Haltungen und Wertungen, die von einer großen Anzahl von Personen geteilt werden. Diese Verhaltensmodelle werden sowohl von vernunftsmäßigen Inhalten als auch von moralischen und gefühlsmäßigen Urteilen beeinflußt. Sie erheben den Anspruch auf Vollständigkeit und haben das erklärte Ziel, eine bessere und gerechtere menschliche Ordnung zu errichten. (22)

<u>Def.</u>: <u>Ideologie</u> ist ein System von Anschauungen, Ideen und Theorien über Struktur und Prozesse der sozialen Wirklichkeit, in denen der jeweilige Standort des einzelnen seinen Ausdruck findet und von denen entsprechende Regeln und Normen für zukünftig erwünschtes soziales Verhalten abgeleitet werden. (23)

Nochmals muß zur Erläuterung aber erwähnt werden, daß die Gebundenheit an einen jeweiligen Standort bewirkt, daß Ideologien sehr oft eine Rechtfertigungstendenz für bestehende Herrschaftsverhältnisse aufweisen. Ideologien enthalten insofern Fehlurteile und Irrtümer, wie sie Mißstände zudecken wollen, sie beinhalten aber auch meistens zutreffende Aussagen über die gesellschaftliche Wirklichkeit.
Und selbst wenn Ideologien als Fehlmeinungen anzusehen sind, sind sie nicht immer bewußte Täuschungsversuche der "Ideologieträger", da diese oft selbst an die Ideologie glauben.(24)

3. Ideologiekritik

3.1. Gegenstand der Ideologiekritik

Da es zur Begriffsbestimmung von Ideologie gehört, daß sich an sie gesellschaftliche und nicht nur persönliche Interessen knüpfen, formuliert jede ideologische Aussage das Interesse einer sozialen Gruppe. Diese Aussage wird jedoch so allgemein ausgedrückt, daß sie möglichst als die Interessen einer weitaus größeren Gruppe, ja aller Gesellschaftsmitglieder erscheint. Auf diese Weise können ideologische Aussagen als theoretische Lehrsätze ganz bestimmter politischer Interessen auftreten, die in Wirklichkeit aber nur durch einen kleinen Teil der Gesamtgesellschaft repräsentiert werden. So kann z. B. die Setzung "Sozialpartnerschaft" als ein solches umfassendes Interesse bestimmt werden, wobei zu fragen ist, in wessen Interesse eine derartige Setzung tatsächlich geschieht. Sobald diese Idee allgemein anerkannt ist, muß jede soziale Gruppe ihre Zielsetzungen an der "Sozialpartnerschaft" orientieren können. Wenn nicht, gilt die Gruppe als illegitim. Der Nachweis eines allgemeinen Interesses kann nun in bester Überzeugung ("zu Recht") geschehen oder in einer Täuschung (auch Selbsttäuschung) bestehen.

Fest steht, daß in einer Gesellschaft die Interessen der "Herrschenden" oft mit denen der "Beherrschten" im Widerspruch stehen. Die erste Gruppe muß jedoch den Anschein wahren, daß die durch sie vertretenen Interessen auch die allgemein gewünschten sind. Dazu dienen u. a. Begriffe wie "Demokratie", "Freiheit und Gleichheit", "soziale Marktwirtschaft", "Pluralismus" usw. Solche Begriffe werden dann als bereits verwirklicht ausgegeben, die Wahrheit ist aber, daß sie (als ideologische Aussagen benutzt) die Realität maskieren und deren wirkliche Erkenntnis unmöglich machen. Wenn ideologische Aussagen die gesellschaftliche Wirklichkeit als eine ansehen, in der alles Geforderte bereits erreicht ist, so stellen sie sich praktisch jeder

Veränderung bzw. Entwicklung in Richtung auf die geforderten Ziele (Demokratie, Gleichheit u. a.) in den Weg. Alles andere Denken ist dann zersetzend oder "falsches Bewußtsein".

Zusammenfassend läßt sich also behaupten, daß die gegebenen Verhältnisse einer Gesellschaft eine Ideologie brauchen, die sie rechtfertigt. Ideologie ist "gesellschaftlich notwendiger Schein" (Adorno). Durch ihre doppelte Aufgabe in bezug auf das, was Gesellschaft ist und was sie vorgibt zu sein, ermöglicht die Ideologie auf der einen Seite Erkenntnis über die Gesellschaft. Auf der anderen Seite aber verstellt die Ideologie Erkenntnis, da sie die vorgegebene Wirklichkeit in irreführender Weise verfälschen kann.

3.2. Aufgabe der Ideologiekritik

Grundsätzlich wird Ideologiekritik immer dann notwendig, wenn - wie oben beschrieben - die gesellschaftliche Wirklichkeit durch eine Verallgemeinerung unzulässig verzerrt wird und eine mangelhafte Unterscheidung der wirksamen Interessen eintritt, wenn die Einzelinteressen einer Minderheit zum allgemeinen Interesse erhoben werden. Ideologiekritik sollte untersuchen, inwieweit eine vorhandene Ideologie die Erkenntnis gesellschaftlicher Zusammenhänge verhindert oder ermöglicht. Die Aufgabe der Ideologiekritik muß daher die Aufklärung über die Wirkungsweise von Ideologie und politischer Macht sein. Denn "Kritik an der Ideologie ist Kritik an der Macht, die sich ihrer (der Ideologie - d. V.) bedient". (25)

Die Ansatzpunkte zum ideologiekritischen Arbeiten können verschieden sein. Einmal ist der Wahrheitsgehalt bestimmter Aussagen zu prüfen, d h. zu fragen ist etwa, ob von "falschen" Voraussetzungen ausgegangen worden ist, ob Vermutungen,

Deutungen als Tatsachen ausgegeben wurden, ob Zirkel-
oder Fehlschlüsse in die Argumentation eingegangen
sind, ob schließlich erwünschten Ergebnissen positive
Eigenschaften, unerwünschten negative Bewertungen beigemessen wurden? Alle diese Fragen gehen von einem
Ansatz aus, der die "Falschheit" ideologischer Aussagen
überwiegend aufgrund sprachlogischer Mängel nachzuweisen
versucht. (26) Nach diesem Hinterfragen müßte die Beziehung zwischen dem Inhalt der Ideologie und den dahinterstehenden Interessen offengelegt werden. Hier ist jetzt
zu untersuchen, in welchem Verhältnis die Aussage zum
Verhalten der Vertreter der Ideologie steht, ob Behauptungen oder Begründungen je nach deren Bedürfnis gewechselt
werden und welche letzten Konsequenzen die Aussage der
Ideologie beinhaltet. (27)

Eine andere Betrachtungsweise von Ideologiekritik ist
mehr sozialpsychologisch orientiert. Diese faßt Ideologiekritik als Lösungsversuch für soziale Vorurteile auf.
Unter sozialen Vorurteilen versteht man "negative oder
ablehnende Einstellungen einem Menschen oder Gruppen
gegenüber, die sich aufgrund von Starrheit und gefühlsmäßiger Haltung, selbst bei widersprechender Erfahrung
schwer oder gar nicht korrigieren lassen". (28) So
spielen Vorurteile für die Struktur einer Gruppe eine
große Rolle, wenn sich eine Gruppe von einer anderen dadurch abgrenzen kann, daß sie alle negativen Eigenschaften der anderen zuspricht und sich selbst nur positive.
Die Aufdeckung solcher Vorurteile ist an sich sinnvoll,
sie verkürzt den Ideologiebegriff jedoch auf eine unzu-
lässige Weise. Denn Ideologiekritik ist ihrer Tendenz
nach Kritik an der Gesamtheit der geistigen Selbstverwirklichung einer konkreten Gesellschaft. Wird sie aber
auf eine einzelwissenschaftliche Methode (Analyse und
Aufdeckung der sozialen Vorurteile) beschränkt, kommt
das einer "Neutralisierung" der Ideologie gleich.
Das geistige Selbstverständnis" einer Gesellschaft ist

immer dann "ideologisch" zu nennen, wenn es bewußte Selbstkritik von gesellschaftlichen Gruppen bzw. Kräften nicht übt oder überhaupt nicht zuläßt. Erst eine derartige kritische Aufnahme und Überprüfung von sozialen Gegebenheiten verhindert letztenendes eine unbefragte Bestätigung gesellschaftlicher Verhältnisse. (29)

Die Auseinandersetzung der Gesellschaft mit ihrer eigenen Wahrheit zu fördern, gehört zu den wichtigsten Aufgaben der Soziologie (kritische Funktion). Die Schwierigkeit jeder Ideologiekritik besteht darin, einheitliche Beurteilungsmuster zu finden. Eine derartige Einigung zu erzielen, ist jedoch äußerst schwer, denn indem man sich auf einen Maßstab festlegt, setzt man sich dem Verdacht einer neuen Ideologie aus. (30) Auf der anderen Seite nützt es auch nur wenig, sich nach bürgerlichem Verständnis auf die Suche zu machen, um einen "wertneutralen Maßstab" zu finden. Die Feststellung, ob ein Bewußtsein falsch oder wahr ist, hat nichts mit der "Selbstherrlichkeit der Gesellschaftskritik" zu tun, sondern ist vielmehr ein Beweis für die Unmöglichkeit, sich auf eine wertfreie wissenschaftliche Position des Ideologiebegriffes zurückzuziehen. Halten die sog. bürgerlichen Ideologiekritiker ihren "Gegnern" entgegen, daß diese sich bei einer Gegenüberstellung von wahrem und falschem Bewußtsein schon im Besitz gültiger Wertmaßstäbe und absoluter Wahrheiten glauben, so kann andererseits eine unterschiedslose Betrachtung aller Werte leicht der Ansatzpunkt für eine willkürliche Herrschaft sein.

Anmerkungen

1) vgl. Lieber, S. 120
2) Bolz, S. 31
3) Lieber, S. 121
4) a.a.O.
5) vgl. a.a.O., S. 122
6) vgl. Hahn, S. 6 ff
7) Klaus / Buhr, S. 506
8) vgl. Eberle / Schlaffke, S. 122
9) Marx in Klaus / Buhr, S. 504
10) Hahn, S. 12
11) vgl. Wörterbuch, S. 511
12) vgl. Rüschemeyer, S. 192
13) vgl. Harris, S. 12 ff
14) a.a.O., S. 9
15) a.a.O., S. 28
16) a.a.O.
17) vgl. a.a.O., S. 29
18) vgl. Flechtheim, S. 880 ff
19) a.a.O., S. 882
20) vgl. Rüschemeyer, S. 192
21) vgl. Bolz, S. 32
22) vgl. Fisch, S. 71 f
23) vgl. Wörterbuch, S. 202
24) vgl. Hofmann, (1969 a), S. 17
25) vgl. Lieber, S. 120 f
26) vgl. Hofmann (1969 b), S. 63
27) vgl. Hofmann (1969 a), S. 17 f
28) Fisch, S. 73
29) vgl. Lieber, S. 123
30) vgl. Fisch, S. 74

Literatur zur Einarbeitung

Hahn, E., Ideologie, Berlin (DDR) 1969

Hofmann, W., Universität, Ideologie, Gesellschaft, Frankfurt 1969

Lenk, K., Ideologie, Ideologiekritik und Wissenssoziologie,
  Neuwied und Berlin 5/1971

Mannheim, K., Ideologie und Utopie, Frankfurt 1952 (4/1965)

Literaturverzeichnis

Die aufgeführte Literatur beschränkt sich weitgehend auf die auch benutzte Literatur. Jeder Versuch, weitere wichtige Literatur anzuführen , bliebe zufällig und willkürlich.
Die mit einem (T) gekennzeichneten Bücher sind Taschenbuchausgaben und somit überwiegend preisgünstig. Alle mit einem (L) versehenen Ausgaben weisen auf ein Lehrbuch bzw. eine Einführung in die Soziologie hin.

Abels, H.(Hrsg.), Sozialisation in derSchule, Bochum 1971 (T)
Adorno, Th.W., u.a., Der Positivismusstreit in der deutschen Soziologie, Neuwied und Berlin 1969
Bahrdt, H.P., Wege zur Soziologie, München 6/1966
Barley, D., Grundzüge und Probleme der Soziologie, 1962 (5/1972) (L)
Basso, L., Zur Theorie des politischen Konflikts, Frankfurt 2/1969 (T)
Battegay, R., Der Mensch in der Gruppe, Bd. 1, Bern und Stuttgart 1967 (T)
Bellebaum, A., Soziologische Grundbegriffe, Stuttgart u.a. 1972 (L)
Berger, P.L., Einladung zur Soziologie, Olten und Freiburg 1969 (T)
Berliner Unterrichtskollektiv, Sozialisation und Sprachbarrieren, in: Projekt Deutschunterricht (Bd. 2),... S. 1 - 29 (s. dort)
Bernsdorf, W. (Hrsg.), Wörterbuch der Soziologie (3 Bde), Frankfurt 1972 (T)
Bolz, W., Einführung in die Soziologie, Hamburg 1972 (L) (T)
Bolte, K.M. (Hrsg.), Sozialer Aufstieg und Abstieg, Stuttgart 1959
Bolte, K.M.; Kappe, D.; Neidhardt, F., Soziale Ungleichheit, Opladen 3/1974
Bolte, K.M. (Hrsg.), Deutsche Gesellschaft im Wandel (2 Bde) Opladen 1966
Bottomore, T.B., Die sozialen Klassen in der modernen Gesellschaft, München 1967
Brocher, T., Gruppendynamik und Erwachsenenbildung, Braunschweig 1967 (T)

Caesar, B., Autorität in der Familie, Frankfurt 1972 (T)
Callis, E., Sozialisation und Erziehung, Münster 1968 (T)
Claessens, D., Familie und Wertsystem, Berlin 1962 (2/1967)
Claessens, D., Rolle und Macht, München 1968
Claessens, D.; Milhoffer, P. (Hrsg.), Familiensoziologie Frankfurt 1973 (T)
Claessens, D.; Klönne, A.; Tschoepe, A., Sozialkunde der Bundesrepublik Deutschland, Düsseldorf und Köln 6/1973
Coser, L.A., Theorie sozialer Konflikte, Neuwied und Berlin 1966
Dahrendorf, R., Homo sociologicus, Köln und Opladen, 1958 (8/1969) (T)
Dahrendorf, R., Gesellschaft und Demokratie in Deutschland, München 1968
Dreitzel, H.P., Wege in die soziologische Literatur, in: Bahrdt, H.P. ... S. 219 - 256 (s. dort)
Dreitzel, H.P.,(Hrsg.), Sozialer Wandel, Neuwied 1967
Dreitzel, H.P., Die gesellschaftlichen Leiden und das Leiden an der Gesellschaft, Stuttgart 1968
Düsseldorfer Verein für Berufspädagogik e.V., Düsseldorf o. J.
Unterrichtsmodell: Konflikte und Sanktionen (a)
Unterrichtsmodell: Intra- und Interrollenkonflikt (b)
Eberle, W.; Schlaffke, W., Gesellschaftskritik von A - Z, Vorwurf und Antwort, Köln 2/1972
Familienerziehung, Sozialschicht und Schulerfolg, hrsg. von der b:e Redaktion, Weinheim u. a. 1971 (T)
Feil, J.,(Hrsg.), Wohngruppe, Kommune, Großfamilie, Reinbeck 1972 (T)
Fend, H., Sozialisierung und Erziehung, Weinheim u. a. 1969 (4/1971)
Fichter, J.H., Grundbegriffe der Soziologie, Wien und New York 3/1970 (L)
Fisch, H., Gesellschaft, in: Fisch, H. (Hrsg.), Sozialwissenschaften, Frankfurt 1973 (Fischer Kolleg 11), S. 11-87 (L)(T)
Flechtheim, O.K., Utopie und Gegenutopie, in Bernsdorf, W.(Hrsg.) ... Bd. 3, S. 880-882 (s. dort)
Fürstenberg, F., Sozialstruktur der Bundesrepublik Deutschland, Opladen, 2/1972
Fürstenberg, F., Soziologie, Berlin und New York 1971 (L)
Gehlen, A., Die Seele im technischen Zeitalter, Reinbeck 1965 (T)
Geissler, B.; Lehmkuhl, D.; Thoma, P.; Medizinische Soziologie, Berlin 1973
Gerhardt, U., Rollenanalyse als kritische Soziologie, Neuwied und Berlin 1971

Gottschalch, W. u.a., Sozialisationsforschung, Frankfurt 1971 (T)

Grau, H., Einführung in die Soziologie, Bad Homburg u.a. 1973 (L)

Grauer, G., Die Entwicklung des Leistungsstrebens in: Familienerziehung, Sozialschicht und Schulerfolg ... S. 59 - 82 (s. dort)

Grieswelle, D., Allgemeine Soziologie, Stuttgart u. a. 1974 (L)(T)

Haensch, D., Repressive Familienpolitik, Reinbeck 1969 (T)

Hahn, E., Ideologie, Berlin (DDR) 1969

Harris, N., Die Ideologien in der Gesellschaft, München 1970

Haug, F., Kritik der Rollentheorie, Frankfurt 1972 (T)

Heckhausen, H., Förderung der Lernmotivierung und der intellektuellen Tüchtigkeit in: Roth, H. (Hrsg.) ..., S. 193-228 (s. dort)

Hinst, K. (Hrsg.), Wir und die anderen, Reinbeck 1070 (T)

Hoebel, B.; Seibert, U., Bürgerinitiativen und Gemeinwesenarbeit, München 1973

Hoefnagels, H., Frankfurter Soziologie, Essen 1972 (T)

Hölzel, S., Freizeitpädagogik zwischen Gleichgültigkeit und Zwang, Neuwied und Berlin, 1971

Hofmann, W., Grundelemente der Wirtschaftsgesellschaft, Reinbeck, 1969 (a) (T)

Hofmann, W., Universität, Ideologie, Gesellschaft, Frankfurt 1969 (b) (T)

Holzkamp, Chr., Die Entwicklung der kognititven Fähigkeiten, in: Familienerziehung, Sozialschicht und Schulerfolg, ... S. 83-114 (s. dort)

Homans, G.C., Theorie der sozialen Gruppe, Köln u. Opladen 2/1965

Jaeggi, U., Kapital und Arbeit in der Bundesrepublik, Frankfurt 1973 (T)

Joas, H., Die gegenwärtige Lage der soziologischen Rollentheorie, Frankfurt 1973 (T)

Klaus, G. u. Buhr, M. (Hrsg.), Philosophisches Wörterbuch (2 Bde), Leipzig 1971

König, R. (Hrsg.), Das Interview, Köln und Berlin 1952 (4/1965)

König, R. (Hrsg.), Beobachtung und Experiment in der Sozialforschung, Köln und Berlin 1956 (5/1967)

König, R., Soziologische Orientierungen, Köln 2/1973

König, R.; Maus, H. (Hrsg.), Handbuch der empirischen Sozialforschung (2 Bde), Stuttgart 1962/1969

Lenk, K., Ideologie, Ideologiekritik und Wissenssoziologie, Neuwied u. Berlin, 5/1971

Lieber, H.J., Ideologie, in: Fraenkel, E./Bracher, K.D. (Hrsg.), Staat und Politik, Frankfurt 1962 (Fischer-Lexikon Bd. 2), S. 12o -123 (T)

Lüschen, G./ Lupri, E., Soziologie der Familie, KZfSS (Sonderheft 14) Opladen 1971

Mangold, W., Empirische Sozialforschung, Heidelberg, 3/1971
Mannheim, K., Ideologie und Utopie, Frankfurt 1952 (4/1965)
Mayntz , R.; Holm, K.; Hübner, P., Einführung in die Methoden der empirischen Soziologie, Köln 1969
Matthes, J., Einführung in das Studium der Soziologie, Reinbeck 1973 (L) (T)
Medizinische Soziologie, Materialien und Basispapiere, erstellt von den Mitarbeitern des Instituts für Epidemiologie und Sozialmedizin der Medizinischen Hochschule Hannover, Hannover 1973
Menschik, J., Gleichberechtigung oder Emanzipation, Frankfurt 1969 (T)
Milhoffer, P., Familie und Klasse, Frankfurt 1973 (T)
Mills, C.W., Kritik der soziologischen Denkweise, Neuwied und Berlin 1963
Mills, Th.M., Soziologie der Gruppe, München 3/1971
Mitscherlich, H., Auf dem Wege zur vaterlosen Gesellschaft, München, 1963
Moreno, J.L., Die Grundlagen der Soziometrie, Köln und Opladen 2/1967
Neidhardt, Fr., Die Familie in Deutschland, Opladen 1966 (3/1971)
Parsons, T., Das System moderner Gesellschaften, München 1972
Parsons, T., Struktur und Funktion der modernen Medizin in: König, R.; Tönnesmann, M. (Hrsg.), Probleme der Medizin-Soziologie, KZfSS (Sonderheft 3) Opladen 1958, S. 10-57
Pflanz, M., Sozialer Wandel und Krankheit, Stuttgart 1962
Pressel, A., Sozialisation in: Beck. J. u. a., Erziehung in der Klassengesellschaft, München 1972, S. 126-152 (T)
Projekt Deutschunterricht 2, Sozialisation und Manipulation durch Sprache, hrsg. von H. Ide, Stuttgart 1972
Rathgeber, W., Kompendium der medizinischen Soziologie, München 1973 (T)
Roth, H. (Hrsg.), Begabung und Lernen, Stuttgart 5/1970
Rüegg, W., Soziologie, Frankfurt 1969 (L) (T)
Rüschemeyer, D., Mentalität und Ideologie, in: König, R. (Hrsg.), Soziologie, Frankfurt 1967 (Fischer-Lexikon, Bd. 10) S. 190-194 (T)
Runge, E., Frauen, Frankfurt 1970 (T)
Sader, M., Rollentheorie in: Handbuch der Psychologie, hrsg. von Gottschaldt, K. u.a., Bd. 7: Sozialpsychologie, 1. Halbband: Theorien, hrsg. von Graumann, C.F., Göttingen 1969 S. 204-227
Scheuch, E.K.; Kutsch, Th., Grundbegriffe der Soziologie, Bd. 1, Stuttgart 1972 (L)

Seeger, I., Knaurs Buch der modernen Soziologie, München und Zürich 1974 (L) (T)

Siegrist, J., Lehrbuch der Medizinischen Soziologie, München u.a. 1974

Sozialisation und kompensatorische Erziehung, Ein soziologisches Seminar an der FU Berlin, Hamburg 1971

Strukturplan für das Bildungswesen, vorgelegt vom Deutschen Bildungsrat (Reihe, Empfehlungen der Bildungskommission), Stuttgart 1970

Tjaden, K.A., Soziales System und sozialer Wandel, Stuttgart 1972

Teschner, J., Krankheit und Gesellschaft, Reinbeck 1969 (T)

Wallner, E.M., Soziologie, Heidelberg 3/1973 (L)

Weber, M., Soziologische Grundbegriffe, Tübingen 2/1966 (T)

Wiehn, E., Theorien der sozialen Schichtung, München 1968

Wössner, J., Soziologie, Wien u.a. 1970 (L)

Wörterbuch der marxistisch-leninistischen Soziologie, hrsg. von Eichhorn, W., u.a., Opladen 2/1971

Wurzbacher, u.a., Soziologie - Telekolleg für Erzieher, München 1974 (L) (T)

Zapf, W. (Hrsg.), Theorien des sozialen Wandels, Köln und Berlin 2/1970

Zoll, R.; Binder, H.-J., Die soziale Gruppe, Frankfurt u.a. 5/1972

SACHWORTVERZEICHNIS

Abstieg, sozialer 126
Aggregat, soziales 25, 27
analytisch 18, 133 f
Anlage-Faktoren 60
  erblich bedingte 59 f
  individuelle 60, 83
Anlage-Umwelt-Problem 60, 83
Arbeit 35, 67, 69, 76, 82, 119, 121, 148
  -bedingungen 70, 141
  -kraft 115, 116, 118, 119, 140
  -platz 69, 75
  -prozeß 49, 69, 77
  -situation 67, 68, 69, 71, 77
  -teilung 69, 70, 119, 128, 130, 139
  -welt 76
Arbeiter 67, 111, 114, 115, 121, 122, 123
  -elite 110 f
  -klasse 114, 115, 118
  -schaft 112, 114, 115, 117
Aufklärung 10, 90, 114 f, 147
Aufstieg, sozialer 71, 72, 75, 77, 126
  -chancen 69, 70, 77
  -streben 73
Auswahlverfahren
  Zufallsauswahl 17
  Wahrscheinlichkeitsauswahl 17
  geschichtete Auswahl 17
Autorität 28, 29, 96, 98
  -struktur 29,
  -verhältnis 77, 78
  Machtautorität 55
  Sachautorität 55
  autoritär 70, 89, 92, 100, 102

Bedürfnis 82
  -aufschub 70
  -befriedigung 72, 73
Befragung (Interview) 16
Begabung 60, 79
Beobachtung 15, 16
  Feldbeobachtung 16
  Laboratoriumsbeobachtung 16

Beruf 65, 82 ff, 86, 107
  Definition 82
  -gruppe 110
  -position 66, 82
  -prestige 82
  -rolle 44, 53, 85
Bewußtsein 22, 66
  falsches 144, 145, 146, 158, 160
  historisches 145
  ideologisches 145
  Klassenbewußtsein 115
  soziologisches 10
Beziehungen 8, 10, 72
  Eltern-Kind-Beziehung 75, 78
  Mutter-Kind-Beziehung 94
Bezugsperson 46, 47, 48, 50, 52
Bürokratisierung 15, 128

cultural-lag-Theorie 131 f, 138

dialektisch 18, 20
dichotomisch 105 f, 114
Dienstleistungen 71, 111, 120, 128
Dienstklasse 110 f
dogmatisch 21

Effekt, sozialer 32
Ehe 12, 96, 102, 137
Einkommen 66, 84
  -streuung 122
Einstellung 66, 82, 156
  -muster 84, 86
Elite 67
  Arbeiterelite 110 f
Empirie 13, 15 ff, 20, 21
Emanzipation 10, 20, 98
Empirie 13, 15 ff, 20, 21
Entfremdung 154
Entwicklung (der Gesellschaft) 132, 133, 136, 146, 149
Erwartung (s. unter Rollenerwartungen)
  Definition 56
  -haltung 78, 84
  Kann-Erwartungen 46, 47, f, 56
  Muß-Erwartungen 46 ff, 56
  Soll-Erwartungen 46, 47 f, 56

Erziehung 67, 76, 78, 79, 100, 102
 -klima 68, 74, 75
 -praktik (praxis) 68, 76, 77
 -vorstellung 68, 75
 -ziel 77
Experiment 16,

Faktorenanalyse 17
Familie 11, 12, 24, 26, 27, 29, 62, 63, 64, 65, 67, 69, 70, 71, 72, 76, 88 ff, 95, 96, 137
 -struktur 67, 68, 69, 71, 89, 94 ff, 98, 102
  (der Unterschicht) 69 f
  (der Mittelschicht) 71 f
 -verband 99 ff
 Großfamilie 88 f, 92, 98, 101 f, 103
 Kernfamilie 94, 96, 99
 Kleinfamilie 90 ff, 99 ff
 Alternativformen 101 ff
 Familismus 70, 73
  künstlicher 88 ff
 Funktionen 93 f
 Funktionsverlagerung 92, 93, 95
 Funktionsverlust 92, 93, 95
 Rollenschema 97, 100

Fortschritt 10, 132, 133, 136, 138, 139, 141, 154
 fortschrittlich 133, 155
Fragebogen, standardisierter 16
Fremdeinschätzung 108, 110
Führungsstil 28
Funktion 9, 29, 134, 136
 -analyse 134
 dysfunktional 134
 funktional 134
 strukturell-funktional 134

Generation 94, 96 f
Geschlecht 44, 72, 77, 83, 94, 96 ff
Gleichgewicht (der Gesellschaft) 134 f
Gruppe, soziale 7, 11, 24 ff, 37, 39, 44, 48, 51, 53, 62, 64, 66, 145, 153, 157

Definition 25
 -atmosphäre 32, 35
 -dynamik 32 ff, 39 f
 -einfluß 32 f
 -norm 37, 38, 39
 -prozeß 35 ff
 -stabilität 26, 28
 -struktur 26, 27, 33, 35, 36, 37, 39, 159
 face-to-face-Gruppe 29
 flüchtige 25, 26, 27
 formelle 27, 30
 gesellschaftliche 25, 27
 Großgruppe 26
 informelle 27, 30
 Intimgruppe 29
 Kleingruppe 26, 33, 35, 39
 kurzfristige 26
 langfristige 28
 Primärgruppe 27, 29 ff
 Sekundärgruppe 27, 29, 30 f
 statistische 24 f, 27

 Außenseiter 33, 39
 Führer 33, 35, 39, 40
 Mitläufer 33
 Rangordnung 33, 35, 39
 Schwarzes Schaf 33
 Star 33
 Sündenbock 32

Handeln, soziales 7, 10, 53, 134
Herrschaft 21, 111, 115, 134, 139, 160
 -verhältnisse 19, 51, 147, 156
hierarchisch 105 f, 114
Hypothese 13
 Arbeitshypothese 15
 Ausgangshypothese 16

idealtypisch 67
Identifikation 38
Identität, soziale 81, 85
Ideologie 19, 21, 144 ff
 Definition 156
 bürgerliche 146, 150 f
 marxistische 146, 148 f
 Ideologie und Realität 152 f
 Ideologie und Utopie 154 f
 Ideologiekritik 137 ff

Industrialisierung 15, 90, 119, 129, 130, 132, 136, 140
 industrielle Zeit (Gesellschaft) 8, 12, 90 ff, 95, 99, 138, 139
 vorindustrielle Zeit (Gesellschaft) 88 ff, 95, 101, 128
Information 9, 22, 83, 128
Inhaltsanalyse 17
Institution 7, 131, 134, 135, 137 f
 Definition 137
Intelligenz 79
Interaktion, soziale 62
Interesse 19, 27. 121. 139. 149. 150, 153, 154, 157, 158, 159
 erkenntnisleitendes 20
Interview 16

Kapital 22, 118, 121, 148
 Kapital und Arbeit 121, 148
Kapitalismus 90, 118, 121, 123
 Kapitalisten 114 f
 kapitalistische Gesellschaftform 118, 120, 121
 kapitalistische Produktionsverhältnisse 118, 140
Kategorie 24 f, 27
 soziale 25, 27
Kibbuz 103
Klasse 66, 105, 114 ff, 125, 132, 148, 149
 Definition 115
 -gegensätze 117
 -gesellschaft 117, 123, 149
 -kampf 132
 -kräfte 150
 -verhältnisse 147
 Arbeiterklasse 114, 115, 118
 klassenlose Gesellschaft 154
Klassifizierung 15, 26
Klima, soziales 32, 35
Kode, elaborierter 80
 restringierter 80
Kognition 68, 78, 79 f, 81
 Definition 79

Kommune 101, 102, 103
Kommunikation 36
Konflikt, sozialer 9, 37, 38, 69, 77, 100, 135
 Rollenkonflikt 48 ff, 57
Konformitätsdruck 53
Konkurrenz, freie 118, 119
Konsumverhalten 122
Krankheit 54 f, 81, 85 f, 140 f
 (Infektionskrankheit 55, 140)
 (Zivilisationskrankheit 55)
 Krankenrolle 54 f
Kritik 9, 22
 Ideologiekritik 157 ff
 Kritischer Rationalismus 18
 Kritische Theorie 18, 19 ff
Kultur 7, 59, 66, 128, 131 f
 -ausprägung 59
 -wandel 129

Leistung 72, 79, 81, 84
 -erwartung 77
 -motivation 73, 78
 Definition 78
 -streben 70, 77, 78
Leitbild 19
Lernen 60 ff, 86
Liebesentzug 76

Macht 20, 57, 113, 115, 116, 121, 134, 137, 139, 147, 152, 158
 Definition 57
 -struktur 139
 -verhältnis 19, 44, 51
 -verschleierung 51
Manufaktur 118, 119
Marxismus 18, 20, 145, 148 ff
Medizin 139 ff
 Fortschrittsmedizin 140
Mehrwert 115, 118
Methodenstreit 18
Methodentechnik 9, 16 f, 21

Milieu, subkulturelles 66, 67 f
  Sozialisationsmilieu 67 ff
  Anregungsmilieu 78, 79
Mittelstand, falscher 110 f
Mittelstandsgesellschaft 114
Mobilität 125 ff, 131
  Definition 125
  horizontale 125 ff
  Intergenerationsmobilität 127
  Intragenerationsmobilität 127
  vertikale 125 ff
Monopol 118, 120
Morbiditätsstruktur 139
Motivation 68, 78 f, 83
  Leistungsmotivation 73, 78
  Definition 78
Norm 27, 28, 29, 37, 38, 39,
     46, 51, 56, 60, 62, 64,
     84, 98, 129, 131, 137,
     146, 156
  Definition 46, (56)
  -system 61, 131
  Mittelschichtsnorm 74
  normativ 19

Objektivität 15, 17, 19
Öffentlichkeit 73
Organisation 27, 30, 137
Orientierung 37, 83
  Gegenwartsorientierung 73
  Zukunftsorientierung 73

partnerschaftlich 72, 98, 102
Passivität 70, 73
Patient 54 f, 81, 84, 85
patriarchalisch 98
peer-group 27
Persönlichkeitsstruktur 67, 68,
     74, 78 ff
Perspektive, soziologische 10
Planung, langfristige 69, 70, 71,
     72, 77
  zukunftsgerichtete 73
Plastizität 59
Plazierungsfunktion 93

Pluralismus 21, 48, 139
Position 42 ff, 56, 81, 105, 107
     108, 125, 126, 127, 128
  Definition 43 (56)
  -unterschiede 26
  erworbene 91
  zugeschriebene 89
Positivismus 18 f, 20 ff, 150
  Neopositivismus 18
Prestige 84, 107, 109, 113
Primärgruppe 27, 29 ff
Primärsozialisation 63 ff, 82, 88
Privatheit 73
Privatisierung (der Familie) 91
Produktion 71, 118, 119, 148
  -gemeinschaft 89, 92
  -mittel 114, 115, 116, 117,
     118, 119
  -prozeß 67, 68, 69, 71, 115

Rationalismus 10, 90, 139, 145,
     147
Realität 152 ff, 156
Reproduktionsfunktion 93
Rolle, soziale 27, 28, 29, 42 ff,
     49, 51 ff, 56, 57,
     63, 64, 107, 125,
     128
  Definition 43,(57)
  -erwartungen 42, 43, 44, 46, 47,
     48, 49, 50, 51, 56
  -konflikt 48 ff, 57
  -satz 48, 57
  -segment 49, 51, 52, 57
  -träger 44, 46, 47, 50, 51
  -unterschiede 26
  -verteilung 37
  -vorschrift 54
  Arztrolle 84, 85
  Berufsrolle 44, 53, 83 ff
  erworbene 44, 57
  zugeschriebene 44, 56
  Inter-Rollenkonflikt 50 ff, 57
  Intra-Rollenkonflikt 50 ff, 57

Sachzwang 10, 139, 153
Sanktion 44, 46f, 51, 56
  Definition 46, (56)

Schicht, soziale 66, 78, 80, 83,
  90, 105, 107 ff,
  113, 114, 116,
  117, 125, 126
  Definition 108
  -einteilung 110, 115
  -modelle 109 ff, 116
  -zugehörigkeit 75, 83
  Mittelschicht 67, 71 ff, 77,
    108 ff
  Unterschicht 67, 69 f, 73, 74,
    75, 76, 77, 108 ff
  Schichtungskriterien 107, 108 ff

Schicksalsgläubigkeit 77

Sekundärgruppe 27, 29, 30 f

Sekundärsozialisation 63, 64 f, 82

Selbsteinschätzung 108, 109, 115,
  153

sozialer Wandel siehe unter
  Wandel, sozialer

Sozialisation 59 ff, 64
  Definition 62
  -funktion 93
  -merkmale 66, 79
  -milieu 67
    (der Unterschicht 69 f)
    (der Mittelschicht 71 f)
  -prozeß 67, 68, 74 ff
  berufliche 82 ff
  Primärsozialisation 63 ff, 82, 88
  schichtenspezifische 66 ff
  Sekundärsozialisation 63, 64 f, 82

Sozialisten, utopische 154

Sozialpartnerschaft 157

Sozialstruktur 106, 113, 117 ff,
  133, 134
  Definition 106

Soziogramm 33 f

Soziologie 7 ff
  Definition 7
  Anliegen 10 f
  Bereiche 12
  Funktionen 9
  Gegenstand 11 f
  Methoden 13 ff
  Richtungen 18 ff
  Standort 13

Soziometrie 17, 33

Spannungsausgleichsfunktion 94, 96

Sprache 60, 61, 64, 68, 78, 79, 80 f
  Sprechweise 80, 81
  elaborierter Kode 80
  restringierter Kode 80

Status 42, 43 f, 56, 66, 107,
  108, 112, 127, 128
  Definition 43 (56)
  Sozialstatus 83

Stichprobe 17

Struktur 11, 26, 27, 28, 125,
  128 f, 131, 133, 134,
  136, 156
  -analyse 134, 135
  -wandel (der Familie) 15
    (des Bildungswesens) 129 f
  strukturell-funktionale Betrachtungsweise 134

Umwelt, soziale 59, 60, 63, 66
  -anregung 59, 60, 79
  -bedingungen 79, 80
  -einfluß 60
  familiale 66

Utopie 154 ff
  Sozialutopie 21
  utopisch 145, 154

Verhalten, gesellschaftliches 7,
  46, 73, 137, 155, 156, 159
  -erwartung 49, 84
  -muster 131, 132, 137
  -unsicherheit 128
  -vorschrift 48, 137
  -weisen 61, 62, 63, 74, 82

Verhältnisse
  falsche 147, 148, 149
  gesellschaftliche 158
  ideologische 148

Verinnerlichung 76, 86

Vermögensbildung 8, 122

Verstädterung 15, 129, 130

Vorurteil, soziales 145, 147, 159

Wandel, sozialer 125, 127 ff
  Definition 128
  endogener Wandel 129
  exogener Wandel 129, 130
Weltanschauung 19, 139, 150,
                152, 153
Weltoffenheit 59, 131
Werte, soziale 19, 20, 61, 64, 74,
               76, 84, 86, 128, 129,
               131, 137, 139
  -freiheit 19, 20, 150, 160
  -neutralität 160
  -orientierung 67, 68, 74, 75, 78
    (der Unterschicht 70 f, 73)
    (der Mittelschicht 72 f)
  -pluralismus 21
  -urteil 19, 150
  Wertung 133, 150, 156
Wir-Gefühl (-Bewußtsein) 25, 26, 27
Wissenssoziologie 150
Wohngemeinschaft 101

Anhang: Fragenkatalog

Es ist im folgenden versucht worden – wie bereits in der Vorbemerkung zur zweiten Auflage erwähnt –, nicht nur den Inhalt des Textes auswahlweise mit einem Katalog von insgesamt 80 Fragen "abzufragen". Vielmehr soll dieser Anhang eine Möglichkeit bieten, das Gelesene zu überdenken und nochmals zu wiederholen. Es war beabsichtigt, diese Fragensammlung wie einen "roten Faden" durch den Text benutzen zu können. Aus diesem Grunde wurden für jedes Kapitel zehn Fragen gestellt, die durchgehend numeriert größtenteils auf die einzelnen Abschnitte und Punkte eingehen. Am Ende des Anhangs befindet sich ein Lösungsschlüssel, der über die richtige Beantwortung der Fragen Auskunft gibt.

Es handelt sich bei dem Katalog um Fragen nach dem multiple-choice-System. Für diese Mehrfachwahlaufgaben wurden vier Fragentypen verwendet, welche den Anforderungen als Examensfragen entsprechen (vgl. z. B. die Typisierung nach dem Mainzer Institut für medizinische Prüfungsfragen).

1. <u>Richtig-Antwort-Aufgabe</u>

   Auf eine Frage oder nicht vollständige Aussage werden 5 Antworten bzw. Ergänzungen gegeben. Eine Antwort bzw. Ergänzung muß ausgewählt werden, und sie ist die <u>einzig richtige</u>.

2. <u>Falsch-Antwort-Aufgabe</u>

   Fragengestaltung wie bei 1. Die auszuwählende Antwort bzw. Ergänzung muß jedoch die <u>einzig falsche</u> sein. Von den fünf vorgegebenen Antworten bzw. Ergänzungen sind vier richtig und eine ist falsch.

3. <u>Zuordnungs-Aufgabe</u>

   Einer Liste 1 (a,b,c usw.) von Aussagen bzw. Bestimmungen wird eine Liste 2 (1,2,3 usw.) von Aussagen bzw. Bestimmungen gegenübergestellt. Jedem Punkt der ersten Liste muß ein Punkt der zweiten Liste zugeordnet werden.

4. <u>Kombinations-Aufgabe</u>

   Eine mehrfache Entscheidung ist möglich. Auf eine Frage bzw. nicht vollständige Aussage werden mehrere Antworten bzw. Ergänzungen gegeben. Jede kann richtig bzw. falsch sein. Fünf Antwortkombinationen werden vorgegeben. Die Antworten bzw. Ergänzungen sind mit Buchstaben (a – e), die vorgegebenen Antwortkombinationen mit Ziffern (1 – 5) bezeichnet.

Einführung

1. (Falsch-Antwort)

   Mögliche <u>Begriffsbestimmungen</u> für die <u>Soziologie</u> und deren Aufgaben sind:

   a) Soziologie ist die Wissenschaft vom gesellschaftlichen Verhalten und Handeln der Menschen
   b) Soziologie ist die Wissenschaft vom Menschen in seiner biologischen Umwelt
   c) Soziologie ist die Wissenschaft von den sozialen Gruppen und Institutionen
   d) Soziologie ist die Wissenschaft von den Gesellschaftsstrukturen und deren Wandel
   e) Soziologie ist die Wissenschaft von den Ideen über die Gesellschaft

2. (Falsch-Antwort)

   Die <u>Soziologie</u> leistet folgende an sie gestellte <u>Aufgaben</u>:

   a) sie behandelt praktische menschliche Probleme
   b) sie gibt Erklärungen für gesellschaftliche Tatbestände
   c) sie beseitigt alle gesellschaftlichen Probleme
   d) sie hilft, soziale Problemfelder zu analysieren
   e) sie gibt Orientierungshilfen über die Vielfalt der zwischenmenschlichen Beziehungen

3. (Falsch-Antwort)

   Bei der Analyse gesellschaftlicher Tatbestände ist die <u>Vorgehensweise der Soziologie</u>:

   a) beschreibend
   b) erklärend
   c) verallgemeinernd
   d) systematisierend
   e) individualisierend

4. (Kombination)

   Der Positivismus ist gekennzeichnet durch:

   a) Trennung zwischen Theorie und Praxis
   b) Forderung nach größtmöglicher Objektivität
   c) Fragen nach dem erkenntnisleitenden Interesse
   d) protokollartige Wiedergabe der Wirklichkeit
   e) dialektische Weltanschauung

   richtige Antworten: 1) nur a
                        2) c und e
                        3) a, c und d
                        4) a, b und d
                        5) b, c, d und e

5. (Kombination)

   Die Kritische Theorie ist gekennzeichnet durch:

   a) Wertfreiheit
   b) Aufdeckung von Herrschafts- und Machtverhältnissen
   c) Berücksichtigung der geschichtlichen Entwicklung
   d) Weltanschauungspluralismus
   e) Untersuchung der Gesellschaft als Totalität

   richtige Antworten: 1) nur b
                        2) a und c
                        3) a und d
                        4) b, c und d
                        5) b, c und e

6. (Falsch-Antwort)

   Als Kritik am Positivismus wird angeführt:

   a) Anhäufung von Einzelinformationen ohne sinnvolle Zuordnung
   b) Ausrichtung als normative Wissenschaft
   c) Ablenkung von gesamtgesellschaftlichen Problemen
   d) Ausklammerung von Herrschafts- und Machtverhältnissen
   e) Bestärkung des Status-Quo

7. (Falsch-Antwort)

   Als Kritik an der Kritischen Theorie wird angeführt:

   a) Verschleierung von Interessengegensätzen
   b) Vermischung von Sozialutopie und Ideologie
   c) Verhinderung von Wertpluralismus
   d) dogmatische Ausrichtung
   e) Vereinigung von Philosophie und Wissenschaft

8. (Zuordnung)

   Ordnen Sie verschiedenen Techniken der empirischen Sozialforschung die entsprechenden Begriffe zu:

   a) Beobachtung   1) Bedeutungen
   b) Interview   2) Zufallsauswahl
   c) Experiment   3) teilnehmend
   d) Inhaltsanalyse   4) Fragebogen
   e) Stichprobe   5) Laboratorium

9. (Richtig-Antwort)

   Die Befragung als eine Form der empirischen Sozialforschung

   a) erfolgt durch das Interview
   b) erfolgt nur durch das mündliche Interview
   c) erfolgt nur durch das schriftliche Interview
   d) ist eine spezielle Technik der "indirekten" Beobachtung
   e) ist eine spezielle Technik der "direkten" Beobachtung

10. (Falsch-Antwort)

    Unter einem Soziogramm versteht man:

    a) das Aufzeigen von Zu- und Abneigungen innerhalb eines Personenkreises
    b) die graphische Darstellung einer Gruppenstruktur
    c) die Veranschaulichung der Ergebnisse soziometrischer Tabellen
    d) die Grundlage für die Berechnung des Sozioindex
    e) die Beziehungen der Mitglieder in einer Gruppe

Gruppe

11. (Richtig-Antwort)

　　Welche Aussage trifft auf das Verhältnis von <u>Individuum und Gruppe</u> zu?

　　a) Das Individuum ist eine Abstraktion, denn der Mensch ist ausschließlich das Produkt einer Gruppe.

　　b) Das Individuum ist stark durch seine Gruppenzugehörigkeit bestimmt. Es besitzt aber einen Freiheitsspielraum.

　　c) Jede Gruppe entsteht durch den Führungsanspruch eines Individuums und wird von ihm geprägt.

　　d) Die Gruppe ist ein theoretisches Konstrukt, sie prägt das Individuum nicht.

　　e) Eine Gruppe ist nicht mehr als die Summe einzelner Individuen.

12. (Zuordnung)

　　Ordnen Sie die Beschreibungen den Begriffen zu:

　　a) Gruppe
　　b) statistische Gruppe (Kategorie)
　　c) gesellschaftliche Gruppe (soziale Kategorie)
　　d) flüchtige Gruppe (Aggregat)
　　e) soziale Gruppe

　　1) zufällige Ansammlung von Menschen mit geringen Kontakten
　　2) Zusammenfassung von Menschen mit sozial relevanten gemeinsamen Merkmalen
　　3) eine für Nichtmitglieder erkennbare Gesamtheit von Menschen
　　4) Zusammenfassung von Menschen mit sozial nicht relevanten gemeinsamen Merkmalen
　　5) relativ dauerhafte Bindung von Menschen mit gemeinsamen Zielen und Interessen

13. (Falsch-Antwort)

   Eine soziale Gruppe ist durch folgende Merkmale gekennzeichnet:

   a) Regelmäßigkeiten des gemeinsamen Handelns
   b) Zusammengehörigkeitsgefühl
   c) Minderheitenbewußtsein
   d) gemeinsame Ziele und Interessen
   e) feste Strukturen in den Beziehungen der Mitglieder

14. (Falsch-Antwort)

   Eine Primärgruppe zeichnet sich aus durch:

   a) festgefügte überschaubare Strukturen
   b) enge gefühlsmäßig verankerte Beziehungen
   c) direkten Kontakt von jedem zu jedem
   d) einen hohen Grad an Integration
   e) in Satzungen formulierte Übereinkünfte

15. (Kombination)

   In der Sekundärgruppe sind:

   a) die Handlungen auf ein bestimmtes Ziel zweckhaft ausgerichtet
   b) die Kontakte durch formelle und rechtliche Abmachungen geregelt
   c) die Beziehungen der Mitglieder untereinander unpersönlich
   d) die Strukturen in einen größeren Organisationsrahmen eingeordnet
   e) die Erwartungen nur auf einen Ausschnitt der Person gerichtet

   richtige Antworten: 1) alle
                         2) keine
                         3) a, c und e
                         4) b und d
                         5) c, d und e

16. (Richtig-Antwort)

   Eine informelle Gruppe ist eine Gruppe,

   a) in der die Position der Mitglieder unbestimmt ist.
   b) in der die soziale Kontrolle nicht funktioniert.
   c) in der abweichendes Verhalten erzeugt wird.
   d) in der face-to-face Beziehungen bestehen.
   e) in der kein Gruppenzusammenhalt existiert.

17. (Falsch-Antwort)

   Beispiele für <u>formelle Gruppen</u> sind:

   a) Lehrerkollegium
   b) Nachbarschaftsgruppe
   c) Aufsichtsrat eines Unternehmens
   d) Operationsteam
   e) Schiffsbesatzung

18. (Falsch-Antwort)

   Die **Art** der <u>Gruppenstruktur</u> wirkt sich auf die Leistung der Gruppe wie folgt aus:

   a) bei autoritär geführten Gruppen ist die Arbeitseffektivität größer
   b) bei autoritär geführten Gruppen ist die Zufriedenheit geringer
   c) bei demokratisch geführten Gruppen ist das Arbeitsergebnis tragfähiger
   d) bei demokratisch geführten Gruppen ist das Engagement größer
   e) bei demokratisch geführten Gruppen ist die Arbeitsgeschwindigkeit größer

19. (Falsch-Antwort)

   Die nachstehenden Erkenntnisse beruhen auf der Analyse von <u>Gruppenbildungen</u>.

   a) Die Erwartungen der Gruppe gehen oft über die Erwartungen der einzelnen Mitglieder hinaus.
   b) Gruppennormen bestärken die Übereinstimmung in den Meinungen und die Einheitlichkeit im Verhalten.
   c) Eine Gruppe, von der etwas verlangt wird, verliert ihren inneren Zusammenhang.
   d) Ein Außenseiter stärkt den Zusammenhalt der Gesamtgruppe.
   e) Eine Gruppe, die sich kein Ziel setzt, zerfällt, denn Gruppe ist nie Selbstzweck.

20. (Kombination)

Weitere Erkenntnisse der <u>Gruppendynamik</u> sind:

a) eine äußere Bedrohung erhöht den Zusammenhalt der Gruppe
b) innerhalb der Gruppe entwickelt sich eine Tendenz zur Kleinhaltung der Unterschiede
c) das Verhalten des einzelnen innerhalb der Gruppe wird von den anderen Mitgliedern nicht beeinflußt
d) Rangunterschiede innerhalb der Gruppe gefährden den Zusammenhalt
e) Individuen mit starken und vielseitigen Kontakten bilden die Spitze des Gruppenaufbaus

richtige Antworten: 1) a, b und c
                           2) b und d
                           3) c und e
                           4) a, b und e
                           5) c, d und e

<u>Rolle</u>

21. (Richtig-Antwort)

<u>Rollenverhalten</u> ist:

a) soziales Verhalten im Hinblick auf Ansprüche und Erwartungen anderer
b) zielorientiertes Handeln
c) schichtenspezifisches Verhalten
d) dominantes Verhalten gegenüber den Mitgliedern einer Gruppe
e) rituelles Handeln religiöser Herkunft

22. (Falsch-Antwort)

Der Begriff der <u>sozialen Rolle</u> beinhaltet:

a) den dynamischen Aspekt der Position
b) Verhaltenserwartungen gegenüber dem Inhaber einer Position
c) Muster erlernter Verhaltens- und Reaktionsweisen
d) den Komplex von Verhaltenszumutungen
e) die Darstellung der eigenen Persönlichkeit

23. (Zuordnung)

Ordnen Sie den folgenden Begriffen die entsprechenden Definitionen zu.

a) soziale Rolle
b) soziale Position
c) sozialer Status
d) Norm
e) Sanktion

1) gesellschaftliche Reaktion auf ein bestimmtes Rollenverhalten
2) Ort oder Platz in einem Gefüge sozialer Beziehungen
3) Verhaltensvorschrift, die das Zusammenleben verbindlich regelt
4) Stellung oder Rang in einem Netz von sozialen Beziehungen
5) alle Erwartungen an das Verhalten von Positionsträgern

24. (Kombination)

Welche Aussagen treffen zum Verhältnis von Rolle und Position zu?

a) Beide Begriffe sind verschiedene Bezeichnungen für denselben Sachverhalt.
b) Beide Begriffe haben nichts miteinander zu tun.
c) Position ist der statische Aspekt der Rolle.
d) Nur Personen in hohen Positionen spielen eine Rolle.
e) Die Rolle bezeichnet die Ansprüche an die Träger von Positionen.

richtige Antworten:
1) nur a
2) nur b
3) c und d
4) c und e
5) d und e

25. (Richtig-Antwort)

Soziale Normen

a) müssen schriftlich festgelegt sein.
b) sind Regeln, über die in einem bestimmten Personenkreis Einverständnis besteht.

c) sind eindeutig für alle verbindlich.
d) brauchen nicht mit Hilfe von Sanktionen kontrolliert zu werden.
e) sind selbstverständliche, weil "naturgegebene" Richtlinien für das Handeln des Menschen.

26. (Richtig-Antwort)

    Der Begriff <u>Sanktion</u> bedeutet:

    a) Anwendung strafrechtlicher Bestimmungen
    b) nur Strafe
    c) nur Belohnung
    d) sowohl Strafe als auch Belohnung
    e) Vergeltung nach dem Muster "Auge um Auge, Zahn um Zahn"

27. (Zuordnung)

    Ordnen Sie die folgenden Begriffe in das nachstehende Schema ein!

    a) gerichtliche Bestrafung
    b) Dank, Anerkennung
    c) gilt als selbstverständlich (keine positiven Sanktionen)
    d) Lob, Belohnung
    e) Mißbilligung, Tadel
    f) wird nicht erwartet (keine negativen Sanktionen)

1) Muß-Erwartungen	erfüllt	
	nicht erfüllt	
2) Soll-Erwartungen	erfüllt	
	nicht erfüllt	
3) Kann-Erwartungen	erfüllt	
	nicht erfüllt	

28. (Falsch-Antwort)

Wann spricht man von einem Rollenkonflikt
(Inter- oder Intra-Rollenkonflikt)?

a) Wenn sich die Erwartungen aus verschiedenen Rollen bei der gleichen Person überschneiden.
b) Wenn unterschiedliche Bezugspersonen an den Träger einer Rolle verschiedene Erwartungen richten.
c) Wenn mehrere Personen die gleiche Rolle spielen wollen.
d) Wenn ein Rollensegment einem anderen widerspricht.
e) Wenn jemand seinen diversen Rollenanforderungen nicht gerecht wird.

29. (Richtig-Antwort)

Ein Bundestagsabgeordneter, der gleichzeitig im Verteidigungsausschuß und im Krupp-Aufsichtsrat sitzt, gerät immer dann in einen Konflikt, wenn er über die Vergabe von Rüstungsaufträgen mitentscheiden muß. Um welchen Konflikt handelt es sich?

a) Interrollenkonflikt
b) Intrarollenkonflikt
c) Rollensegmentkonflikt
d) Konflikt zwischen erworbener und zugeschriebener Rolle
e) Gruppenkonflikt

30. (Falsch-Antwort)

Als Kritikpunkte an der Rollentheorie werden genannt:

a) künstliche Trennung von Individuum und Gesellschaft
b) Übertragung des Theater-Rollenbegriffs auf gesellschaftliche Zusammenhänge
c) Konformitätsdruck auf den einzelnen Rollenträger
d) Verhinderung von Individualisierungsmöglichkeiten
e) unterschiedslose Behandlung nicht gleichgewichtiger Rollen

Sozialisation

31. (Kombination)

    Zum wissenschaftlichen Streit um das **Anlage-Umwelt-Problem**:
    a) Die Erbanlage ist für die Begabung der ausschlaggebende Faktor.
    b) Die Umwelteinflüsse sind für die Begabung der ausschlaggebende Faktor.
    c) Anlage und Umwelt stehen in einem gegenseitigen Wechselverhältnis.
    d) Nur der Umwelteinfluß ist einer Anreicherung und Beeinflussung zugänglich.
    e) Die Erbanlage wird erst durch Umweltanregungen in Fähigkeiten und Fertigkeiten umgesetzt.

    richtige Antworten: 1) nur a
                               2) nur b
                               3) c, d und e
                               4) b, d und e
                               5) b und e

32. (Richtig-Antwort)

    Unter **Sozialisationsprozeß** versteht man in der Soziologie:
    a) die durch Sanktionen erreichte Befolgung von Normen der Gesellschaft
    b) die Enteignung der Besitzer an Produktionsmitteln
    c) den ordnungsgemäßen Besuch von Bildungsinstitutionen
    d) die Verwirklichung einer sozialistischen Gesellschaftsordnung
    e) die Verinnerlichung von Werten und Normen der Gesellschaft

33. (Kombination)

    Die **Sozialisation** umfaßt:
    a) die Reduzierung des Spielraums möglicher Verhaltensweisen eines Menschen
    b) die Übernahme kulturspezifischer Normen und Werte

c) die Übertragung von Verhaltensweisen, Regeln und Werten auf eine Person
d) den sozialen Wandel eines gesellschaftlichen Systems
e) die Wiedereingliederung einer Person mit abweichendem Verhalten in die Gesellschaft

richtige Antworten: 1) a und b
2) a, b und c
3) b und c
4) nur d
5) nur e

34. (Richtig-Antwort)

Die Sozialisation umfaßt den Zeitraum:

a) bis zum Eintritt in den Kindergarten
b) bis zum Eintritt in die Schule
c) bis zum Eintritt in den Beruf
d) bis zum Erreichen der Volljährigkeit
e) des ganzen Lebens

35. (Richtig-Antwort)

Durch welche der folgenden Lernarten ist eine Verinnerlichung des geltenden Wert- und Normsystems am ehesten gewährleistet?

a) durch Strafe und Belohnung
b) durch Identifikation
c) durch Nachahmung
d) durch Reaktion auf äußere Reize
e) durch Lernen nach dem Schema "Versuch und Irrtum"

36. (Falsch-Antwort)

Die primäre Sozialisation

a) dient der Grundlegung der Persönlichkeit.
b) findet überwiegend in der Familie statt.
c) betrifft das Erlernen der Kind-Rolle.
d) übt in die Verhaltensanforderungen der Schule ein.
e) hilft beim Ordnen früher Umwelterfahrungen.

37. (Richtig-Antwort)

    Man versteht unter einem <u>Sozialisationsdefizit</u>:

    a) das nachteilige Ergebnis der Erziehung in der Unterschicht gegenüber den Mittelschichtskindern
    b) den Bildungsnotstand in dem Erziehungssystem unserer Gesellschaft
    c) den finanziellen Verlust durch hohe Ausbildungskosten für die Kinder
    d) die fehlenden beruflichen Aufstiegschancen für Unterschichtsangehörige
    e) den Mangel an gefühlsmäßiger Bindung zwischen Eltern und Kind

38. (Kombination)

    Welche der folgenden <u>Wertorientierungen</u> treffen -- bei idealtypischer Betrachtungsweise - auf die Unterschicht zu?

    a) geringe Leistungsmotivation
    b) Passivität
    c) Zukunftsorientierung
    d) sofortige Bedürfnisbefriedigung
    e) hohes Anspruchsniveau

    richtige Antworten: 1) alle
                                   2) a, d und e
                                   3) b, c und d
                                   4) c, e und f
                                   5) a, b und d

39. (Falsch-Antwort)

    Die <u>Erziehung</u> in der Mittelschicht weist folgende Merkmale auf:

    a) die Erziehungsvorstellungen sind auf Selbstbestimmung ausgerichtet
    b) das Erziehungsklima ist von emotionaler Zuwendung geprägt
    c) bei der Strafbemessung wird die Folge einer Tat mehr als die zugrundeliegende Absicht berücksichtigt
    d) Gebote und Verbote werden mit Argumenten begründet
    e) es wird überwiegend mit Liebesentzug bestraft

40. (Falsch-Antwort)

Für die wenig ausgeprägte <u>Leistungsmotivation</u> in der Unterschicht ist verantwortlich:

a) fehlendes Selbständigkeitstraining
b) hohe Ansprüche an das Kind
c) autoritäres Verhalten der Eltern
d) wenig Lob, viel Tadel bei der Erziehung
e) niedrige Erwartungshaltung

<u>Familie</u>

41. (Falsch-Antwort)

Die nachstehenden Kennzeichen bestimmen die <u>Großfamilie</u> der vorindustriellen Zeit:

a) Produktionsgemeinschaft
b) autoritär-patriarchalische Struktur
c) gesellschaftlich integriert
d) Trennung von Wohn- und Arbeitswelt
e) Mehr-Generationen-Familie

42. (Kombination)

Der Prozeß der <u>Industrialisierung</u> weist folgende Kennzeichen auf:

a) planende und ausführende Arbeiten fallen stärker zusammen
b) Abnahme der Beschäftigten in den Dienstleistungsberufen
c) geringere Überschaubarkeit der gesellschaftlichen Bereiche
d) größere geographische und soziale Beweglichkeit
e) Trennung von familialem und öffentlichem Bereich

    richtige Antworten: 1) a und b
                                  2) c und d
                                  3) a und e
                                  4) a, c d und e
                                  5) c, d und e

43. (Falsch-Antwort)

   Folgende Begriffe kennzeichnen die Kleinfamilie in der
   Industriegesellschaft:

   a) häusliche Gemeinschaft als "Welt im Kleinen"
   b) Intimisierung des Familienlebens
   c) Konsumgemeinschaft
   d) partnerschaftliche Beziehungen
   e) Übergang einzelner Funktionen der Familie auf außerfamiliale Bereiche

44. (Falsch-Antwort)

   Folgende Elemente wirken sich auf die Struktur der Familie aus:

   a) Aufgabenverteilung zwischen Mann und Frau
   b) äußeres Erscheinungsbild der Familienmitglieder
   c) Anzahl der Familienmitglieder
   d) Höhe des Familieneinkommens
   e) Autoritätsverteilung zwischen Eltern und Kindern

45. (Kombination)

   Die heutige Kleinfamilie erfüllt folgende Funktionen:

   a) Sozialisationsfunktion
   b) Funktion der sozialen Sicherung
   c) Funktion des familialen Spannungsausgleichs
   d) Plazierungsfunktion
   e) Reproduktionsfunktion

   richtige Antworten: 1) a, c, d und e
                        2) a, b, d und e
                        3) a, b, c und d
                        4) a, d und e
                        5) a, b und c

46. (Zuordnung)

   Ordnen Sie die von der Kleinfamilie abgegebenen Funktionen
   denjenigen Institutionen zu, die sie heute wahrnehmen:

   a) sekundäre Sozialisation   1) Massenmedien
   b) Produktion   2) Betriebe
   c) Rechtsprechung   3) Behörden

d) soziale Sicherung
e) Freizeit
f) Verwaltung

4) Schule
5) Staat
6) Gerichte

47. (Richtig-Antwort)

Die <u>Familie</u> beeinflußt die <u>Startchancen</u> des Kindes schon bei der Einschulung. Das Kind hat dann die besten Aussichten, wenn es

a) bereits zählen kann.
b) ein Musikinstrument spielt.
c) aus einem Elternhaus mit hohem Sprachniveau kommt.
d) bereits lesen und schreiben kann.
e) eine Malschule besucht hat.

48. (Falsch-Antwort)

Der <u>Einfluß der Familie</u> macht sich noch stärker bei dem Übergang zu weiterführenden Schulen bemerkbar. Folgende Faktoren sind dabei besonders wichtig:

a) Einkommensunterschiede
b) Informationsstand der Eltern
c) Schichtzugehörigkeit der Familie
d) Geschlecht der unterrichtenden Lehrer
e) Geschlecht des Kindes

49. (Richtig-Antwort)

Es gibt mehrere <u>Alternativen zur Kleinfamilie</u>. Welche der nachstehenden Beschreibungen bezieht sich auf das Modell der modernen Großfamilie?

a) eine kollektive Lebensform, die gegen die kapitalistische Gesellschaft kämpft
b) vorübergehendes Zusammenleben einzelner Individuen vor allem aus wirtschaftlichen Gründen
c) Lebens- und Produktionsgemeinschaft mehrerer Generationen mit gemeinsamem Besitz
d) gemeinsames Wohnen von Großeltern, Eltern und Kindern einer Familie
e) Zusammenschluß mehrerer befreundeter Kleinfamilien wegen wirtschaftlicher, psychischer und pädagogischer Vorteile

50. (Falsch-Antwort)

   Als Begründungen für den Zusammenschluß in <u>Wohngemeinschaften</u> werden genannt:

   a) größere Vielfalt von Dauerkontakten
   b) ausgeprägtere geschlechtsspezifische Rollendefinitionen
   c) bessere Sicherung gegen persönliche Krisen
   d) verkleinerter Zwang zum Prestigekonsum
   e) geringerer Anpassungszwang an die Normen der Leistungsgesellschaft

<u>Schichten und Klassen</u>

51. (Richtig-Antwort)

   Unter <u>sozialer Schichtung</u> der Gesellschaft versteht man:

   a) die ständische Gliederung der Bevölkerung
   b) eine bestimmte Rangordnung, die sich aus einer Abstufung nach Prestigemerkmalen ergibt
   c) eine statistische Einteilung nach sozial nicht relevanten Merkmalen
   d) das Ergebnis eines natürlichen Bedürfnisses nach Über- und Unterordnung
   e) den Klassengegensatz verschiedener Bevölkerungsgruppen

52. (Falsch-Antwort)

   Kriterien für die <u>Schichteinteilung</u> sind:

   a) Macht
   b) Einkommen
   c) Bildung
   d) Besitz
   e) Beruf

53. (Zuordnung)

Ordnen Sie entsprechend dem <u>Dahrendorfschen Schichtmodell</u> die folgenden beruflichen Tätigkeiten der jeweiligen Schicht zu!

a) Arbeiterschicht
b) Mittelstand
c) Dienstklasse
d) falscher Mittelstand
e) Arbeiterelite

1) Friseur
2) Verwaltungsangestellter
3) Dreher
4) Betriebsrat
5) Malermeister

54. (Richtig-Antwort)

1. Der Anteil der Unterschicht (Arbeiter) an der Gesamtbevölkerung der BRD beträgt gegenwärtig:

   a) 15 - 35 %
   b) 35 - 45 %
   c) 45 - 55 %
   d) 55 - 65 %
   e) 65 - 70 %

2. Der Anteil von Unterschichtskindern an den Studenten beträgt z. Z. in der BRD:

   a) 5 - 10 %
   b) 10 - 20 %
   c) 20 - 30 %
   d) 30 - 35 %
   e) 35 - 40 %

55. (Falsch-Antwort)

Unter <u>Elite</u> versteht man:

a) meist das gleiche wie "Oberschicht"
b) die Spitze im hierarchischen Aufbau der Gesellschaft
c) eine geistig, politisch und wirtschaftlich führende Minderheit
d) die tüchtigsten Mitglieder der Gesellschaft
e) die Träger besonders herausgehobener Funktionen

56. (Kombination)

Die Begriffe <u>subkulturelles Milieu</u> und <u>Schicht</u> stehen wie folgt zueinander:

a) sie sind identisch
b) sie haben nichts miteinander zu tun
c) subkulturelles Milieu ist die Bezeichnung für eine "Schicht" mit einem gemeinsamen Lebensstil
d) subkulturelles Milieu ist die Bezeichnung für eine "Schicht" mit Zusammengehörigkeitsgefühl der Mitglieder
e) das subkulturelle Milieu stuft soziale Schichten hierarchisch voneinander ab

richtige Antworten: 1) nur a
                              2) nur b
                              3) c und d
                              4) d und e
                              5) c, d und e

57. (Falsch-Antwort)

Unter <u>Klasse</u> versteht man:

a) die Gesamtheit der Menschen, die im Produktionsprozeß gleiche Aufgaben verrichten
b) den durch die objektive Situation bestimmbaren Platz innerhalb der Sozialstruktur
c) die nach dem Verhältnis zu den Produktionsmitteln vorgenommene Einteilung der Gesellschaft
d) die Unterteilung der Gesellschaft aufgrund der Faktoren "Arbeit" und "Kapital"
e) die nach subjektiver Einschätzung vorgenommene Rangabstufung innerhalb der Gesellschaft

58. (Richtig-Antwort)

<u>Sozialstruktur</u> ist die Bezeichnung für:

a) das innere Gefüge einer Gesellschaft, das sich aus dem Wirkungszusammenhang der sozialen Kräfte ergibt
b) das festlegbare Verhältnis vom Individuum zur Gesellschaft
c) die persönlichen Beziehungen der Gesellschaftsmitglieder untereinander

d) die Ausgeglichenheit sozialer Klassen
e) den Aufbau einer Gesellschaft, deren Übergänge zwischen den Schichten fließend sind

59. (Falsch-Antwort)

Der Begriff <u>Herrschaft</u>

a) bedeutet die Chance, für einen Befehl Gehorsam zu finden.
b) ist durch die Aneignung fremder Arbeitsleistung durch Nichtarbeitende gekennzeichnet.
c) beruht auf angeborener Fähigkeit oder körperlicher Überlegenheit.
d) kennzeichnet ein Verhältnis der Über- und Unterordnung.
e) beinhaltet immer auch eine Form der Abhängigkeit.

60. (Falsch-Antwort)

Merkmale einer <u>kapitalistischen Gesellschaftsordnung</u> sind:

a) Die Produktionsmittel befinden sich überwiegend in privater Hand.
b) Über die Mitbestimmung in der Wirtschaft wird eine Gleichgewichtung von Kapital und Arbeit erreicht.
c) Die Investitionen liegen im Ermessen der Unternehmer.
d) Der Kapitaleinsatz erfolgt nur bei zu erwartendem Gewinn.
e) Zur Sicherung des Lebensunterhaltes müssen die Arbeiter ihre Arbeitskraft verkaufen.

<u>Sozialer Wandel</u>

61. (Richtig-Antwort)

Unter <u>sozialer Mobilität</u> versteht man:

a) das gleiche wie die "Wanderung" von Bevölkerungsgruppen
b) die Fähigkeit, sich neuen Situationen anzupassen
c) eine periodische Veränderung im Berufsleben
d) die Bewegung einer Person von einer Position in eine andere
e) die durch Heirat bedingte Änderung des Personenstandes

62. (Zuordnung)

Ordnen Sie den folgenden Begriffen die entsprechenden Beispiele zu:

a) horizontale Mobilität
b) vertikale Mobilität
c) regionale Mobilität
d) Intergenerationenmobilität
e) Intragenerationsmobilität

1) Umzug vom Dorf in die Stadt
2) Berufsaufstieg eines Facharbeiters zum Meister
3) Weiterbildung eines Büroangestellten durch Selbststudium zum Lehrer
4) Wechsel der Konfessionszugehörigkeit
5) sozialer Aufstieg in der Generationsfolge: Großvater Landarbeiter, Vater Landwirt, Sohn Rechtsanwalt

63. (Kombination)

<u>Vertikale Mobilität</u> bedeutet:

a) das gleiche wie sozialer Aufstieg
b) das gleiche wie sozialer Abstieg
c) sozialer Aufstieg und sozialer Abstieg
d) Wechsel in der sozialen Lage ohne Änderung des Sozialprestiges
e) Veränderung der bewerteten Position (Status)

richtige Antworten: 1) a, d und e
                        2) b, d und e
                        3) a und e
                        4) b und d
                        5) c und e

64. (Falsch-Antwort)

Merkmale für den <u>sozialen Wandel</u> unserer Gesellschaft sind:

a) Verstädterung
b) größere Verhaltenssicherheit der Individuen
c) Vordringen der Dienstleistungsberufe
d) Verbreitung von Informationen
e) zunehmende Arbeitsteilung

65. (Kombination)

    Sozialer Wandel beschreibt:

    a) die Verstärkung zwischenmenschlicher Beziehungen in der Gesellschaft
    b) den Veränderungsprozeß von Gesellschaftssystemen
    c) den Wandel des gesamtgesellschaftlichen Wertsystems
    d) die Änderung der Sozialstruktur einer Gesellschaft
    e) den gewaltlosen Umsturz einer Gesellschaftsform

    richtige Antworten: 1) a, b und c
                          2) a, b und d
                          3) b, c und d
                          4) b, d und e
                          5) nur e

66. (Richtig-Antwort)

    Der endogene Wandel in der Dritten Welt ist bedingt durch:

    a) Industrialisierung zur Ausnutzung der eigenen nationalen Rohstoffvorkommen
    b) Entwicklungshilfe der Industrienationen
    c) Alphabetisierung aufgrund von Kulturaustausch
    d) "Demokratisierung" aufgrund des politischen Einflusses der Industriestaaten
    e) Technisierung zum Zwecke kolonialer Ausbeutung

67. (Falsch-Antwort)

    Die cultural-lag-Theorie besagt,

    a) daß die immaterielle Kultur nicht Schritt hält mit den Veränderungen der materiellen Kultur.
    b) daß die kulturellen Normen und Werte den sozialen und technologischen Entwicklungen vorauseilen.
    c) daß es eine "Unangepaßtheit" zwischen technischem Fortschritt und den ihm entsprechenden Verhaltensmustern gibt.
    d) daß eine Phasenverschiebung zwischen der Entwicklung im Produktions- und im Sozialbereich auftritt.
    e) daß die moralischen und politischen Systeme hinter den Ergebnissen des technischen und wirtschaftlichen Fortschritts nachhinken.

68. (Kombination)

Folgende Fragen treffen für den zielgerichteten Ansatz innerhalb der Auffassungen von sozialem Wandel zu:

a) An welcher Stelle im geschichtlichen Entwicklungsprozeß befindet sich die Gesellschaft?
b) Wann wird der soziale Wandel dysfunktional für das Gleichgewicht der Gesellschaft?
c) Stimmt die Richtung des sozialen Wandels in unserer Gesellschaft?
d) Welche äußerlich beobachtbare Veränderung hat die Sozialstruktur in den letzten 10 Jahren erfahren?
e) Welche Ziele dienen der Verwirklichung einer "vernünftigeren" Gesellschaftsordnung?

richtige Antworten: 1) a und b
2) b und c
3) b, c und d
4) a, c und e
5) c, d und e

69. (Falsch-Antwort)

Der Begriff Institution in der Soziologie

a) ist ein theoretisches Konstrukt.
b) bedeutet eine bestimmte Regel, die in einer Gruppe oder Gesamtgesellschaft kulturell gültig ist.
c) bedeutet eine bestimmte Form des Verhaltens, auf deren Einhaltung Wert gelegt wird.
d) bedeutet ein Richtmaß für die Gestaltung des gesellschaftlichen Zusammenlebens.
e) bedeutet eine Einrichtung organisatorisch-bürokratischer Art.

70. (Falsch-Antwort)

Die Entwicklung der Medizin hängt ebenfalls mit dem sozialen Wandel zusammen. Das zeigt sich in:

a) dem Ausbau des Gesundheitswesens
b) der weitergehenden Spezialisierung der medizinischen Berufe

c) der rückläufigen Tendenz der Geburtenziffer
d) der zunehmenden Bedeutung der Vorsorgemedizin
e) der Vielzahl neuer Krankheitserscheinungen

Ideologie

71. (Falsch-Antwort)

Ganz allgemein wird unter Ideologie verstanden

a) Auseinandersetzungen
b) Anschauungen
c) Ideen
d) Überzeugungen
e) Gedankensysteme

72. (Richtig-Antwort)

Die "Aufklärung" verband mit dem Ideologiebegriff folgende Vorstellung:

a) der Glaube an die Macht des Verstandes ist ideologisch
b) die Ideologie ist eine weltfremde und nutzlose Lehre
c) die Ideologie wird durch praktisch politisches Handeln überwunden
d) die Ideologie wird durch Vorurteile hervorgerufen
e) die Ideologie ist eine nicht zu verwirklichende Utopie

73. (Kombination)

Die marxistische Auffassung von Ideologie beinhaltet:

a) Ideologie als Widerspiegelung der sozialen Verhältnisse
b) Ideologie als Modell von Glaubenssätzen
c) Ideologie als gesellschaftliche Rechtfertigungslehre
d) Ideologie als Wissenschaft zur Erkenntnis und Veränderung der sozialen Wirklichkeit
e) Ideologie als System unwissenschaftlicher weltanschaulicher Aussagen

richtige Antworten: 1) nur a
2) a, c und d
3) b, c und e
4) c und e
5) nur e

74. (Richtig-Antwort)

Folgende Aspekte sollten in einer <u>soziologischen Begriffs-
bestimmung für Ideologie</u> berücksichtigt werden:

a) Sie verzerrt die gesellschaftliche Wirklichkeit.
b) Sie untergräbt bestehende politische Institutionen.
c) Sie spricht für eine intellektuelle Entartung.
d) Sie tendiert in Richtung auf eine pseudoreligöse Überzeugung.
e) Sie faßt vereinfachend und vereinheitlichend komplexe soziale Phänomene gedanklich zusammen.

75. (Zuordnung)

Ordnen Sie den soziologischen Richtungen die entsprechenden Aussagen im Zusammenhang mit der <u>Werturteilsproblematik</u> zu:

a) Positivismus
b) Kritischer Rationalismus
c) Wissenssoziologie
d) Kritische Theorie
e) Marxistische Soziologie

1) Der Wissenschaftler muß seine Standortgebundenheit bei den Ergebnissen berücksichtigen.
2) Das erkenntnisleitende Interesse verhindert eine wertfreie Ausgangsposition für wissenschaftliche Arbeiten.
3) Wertungen bzw. Werturteile gehören in den vorwissenschaftlichen Bereich.
4) Die Forderung nach Wertfreiheit hilft von den Klassengegensätzen abzulenken.
5) Für den Wissenschaftler dürfen sozialwissenschaftliche Aussagen nicht den Charakter von Werturteilen annehmen.

76. (Falsch-Antwort)

Die <u>Objektivität</u> sozialwissenschaftlicher Aussagen kann beeinträchtigt werden durch:

a) die Auswahl des Untersuchungsgegenstandes
b) das Interesse des Untersuchenden
c) die intersubjektive Nachprüfbarkeit
d) den möglichen Einfluß des Auftraggebers
e) die Interpretation der Ergebnisse

77. (Falsch-Antwort)

Aus fortschrittlicher Sicht wird am <u>Pluralismuskonzept</u> kritisiert:

a) Gemeinwohlinteressen (z. B. Umweltschutz) bleiben weitgehend unberücksichtigt, weil sich niemand direkt verantwortlich fühlt.
b) Das gleichgewichtige Nebeneinander von Staat und sonstigen gesellschaftlichen Gruppen bedeutet eine Gefahr für die Souveränität des Staates.
c) Die oft undemokratische Organisation der Verbände verhindert Partizipation und Kontrolle bei der Festlegung der Verbandsinteressen.
d) Der etablierte Pluralismus stellt ein relativ starres Machtsystem dar, weil das bestehende Gesellschaftssystem nie ganz in Frage gestellt werden kann.
e) Das unterschiedslose Nebeneinander von gleichberechtigten Interessen verschleiert die unterschiedliche Durchsetzungsmöglichkeit.

78. (Kombination)

Für einen <u>Realisten</u> (im Gegensatz zu einem Ideologen) gelten die folgenden Charakterisierungen:

a) kompromißlos
b) prinzipienlos
c) pragmatisch
d) dogmatisch
e) messianisch

richtige Antworten: 1) a, b und d
2) a, c und d
3) a, d und e
4) b und c
5) d und e

79. (Kombination)

Welche Aussagen treffen für das Verhältnis von <u>Ideologie</u> und <u>Utopie</u> zu?

a) Beide Begriffe bedeuten das gleiche.
b) Beide Begriffe haben nichts miteinander zu tun.
c) Utopie ist der ideologische Vorentwurf eines für die Zukunft erwarteten gesellschaftlichen Zustandes.
d) Ideologie entspricht dann der Utopie, wenn sie Ziele anstrebt, die die bestehende gesellschaftliche Ordnung verändern wollen.
e) Utopie ist der illusionäre Aspekt der Ideologie, die eine Gesellschaft ohne "Entfremdung" verspricht.

richtige Antworten: 1) nur a
2) nur b
3) c und e
4) c, d und e
5) d und e

80. (Falsch-Antwort)

<u>Ideologiekritik</u>

a) verhindert den Selbstaufklärungsprozeß der Gesellschaft.
b) deckt auf, wenn Vermutungen und Deutungen als Tatsachen ausgegeben werden.
c) fragt, ob erwünschte Ergebnisse positiv, unerwünschte negativ dargestellt werden.
d) weist die Beziehung zwischen dem Inhalt einer Aussage und dem dahinterstehenden Interesse auf.
e) entlarvt den beliebigen Wechsel von Behauptungen und Begründungen (je nach dem Bedürfnis des **Aussagenden**).

Lösungsschlüssel

1. b
2. c
3. e
4. 4
5. 5
6. b
7. a
8. a : 3
   b : 4
   c : 5
   d : 1
   e : 2
9. a
10. d
11. b
12. a : 3
    b : 4
    c : 2
    d : 1
    e : 5
13. c
14. e
15. 1
16. d
17. b
18. e
19. c
20. 4
21. a
22. e
23. a : 5
    b : 2
    c : 4
    d : 3
    e : 1
24. 4
25. b
26. d
27. 1 : c, a
    2 : d, e
    3 : b, f
28. c
29. a
30. d
31. 3
32. e
33. 2
34. e
35. b
36. d
37. a
38. 5
39. c
40. b
41. d
42. 5
43. a
44. b
45. 1
46. a : 4
    b : 2
    c : 6
    d : 5
    e : 1
    f : 3
47. c
48. d
49. e
50. b
51. b
52. a
53. a : 3
    b : 5
    c : 2
    d : 1
    e : 4
54. 1c
    2b
55. d
56. 3
57. e
58. a
59. c
60. b
61. d
62. a : 4
    b : 2
    c : 1
    d : 5
    e : 3
63. 5
64. b
65. 3
66. a
67. b
68. 4
69. e
70. c
71. a
72. d
73. 2
74. e
75. a : 3
    b : 5
    c : 1
    d : 2
    e : 4
76. c
77. b
78. 4
79. 4
80. a